Frimousses en liberté

Photo : J-C Rey - Unicef

Madame, Monsieur,

Dans cet ouvrage, vous allez découvrir le talent de 20 élèves d'Esmod, créateurs sélectionnés en France et au Japon, parmi plus de 450 participants pour représenter les ***Frimousses de l'Unicef.***

La générosité de tous ces élèves, mis à la disposition de l'Unicef, a permis de réunir de merveilleuses poupées qui font preuve de cœur, de charme et d'imagination.

Nous tenons à remercier tous les participants qui ont eu la gentillesse de faire parvenir leurs œuvres pour ce grand concours qui avait pris ***la liberté*** pour thème. Vous le savez désormais, le plus difficile pour nous a été de choisir parmi toutes les créations envoyées, celles qui figurent dans ces pages.

Nous espérons que ce livre vous permettra de participer à notre action en créant à votre tour quelques ***frimousses*** et en nous les faisant parvenir à l'Unicef ; elles seront ensuite « adoptées » dans nos comités départementaux par de généreux donateurs. Ainsi sera créée une chaîne de solidarité qui permettra de sauver de nombreux enfants en les vaccinant contre six maladies infantiles : tétanos, rougeole, diphtérie, tuberculose, coqueluche et poliomyélite.

L'Unicef œuvre depuis 1946 pour venir en aide aux enfants des pays en voie de développement. Il y a vingt ans, seul un enfant sur dix était vacciné contre les maladies infantiles. Aujourd'hui, huit sur dix le sont.
L'Unicef France a encore besoin d'aide pour vacciner chaque enfant, y compris celui qui vit dans l'endroit le plus reculé du monde.

Au nom de tous les enfants du monde qui représentent l'avenir de leur communauté et de leur pays, je vous exprime ma profonde gratitude ainsi qu'aux Éditions Didier CARPENTIER, associées par ce livre à cette mobilisation.

Jacques HINTZY
Président Unicef France

Avec un grand merci

Frimousses en liberté

SÉLECTIONNÉES
PAR LE GRAND JURY

unicef

Les photographies ont été réalisées par
Catherine THIRY
(www.catherinethiry.com)
ancienne élève de Spéos,

la mise en scène et la conception graphique par
Cécile PERRIN
(www.r-g-m.net).

Esmod International
École Supérieure des Arts et Techniques de la Mode

Spéos
Paris Photographic Institute

Nous tenons à remercier tout particulièrement
*les 20 élèves d'*Esmod,
créateurs des frimousses sélectionnées pour ce livre.

Éditions Didier CARPENTIER

Création *Caroline CHHU*

Amoureuse de danse

40 x 40 cm de cotonnade (écrue)
15 x 30 cm de velours (bordeaux)
6 perles facettées de Ø 6 mm (bleues)
2 perles fantaisie en métal de Ø 6 mm (or)
1 m de ruban de satin en 6 mm de largeur (noir)
55 cm de galon en 2 cm de largeur (bordeaux)
1 m de cordonnet de Ø 1 mm (or)
du fil à coudre assorti aux tissus
du fil de métal de Ø 0,2 mm
de la ouatine et de la colle

- Agrandissez à 200% le patron ci-contre.
  Coupez deux fois la forme du buste dans le velours bordeaux et deux fois la forme des jambes dans la cotonnade écrue en ajoutant une marge de 1 cm pour les coutures.
  Assemblez les deux morceaux du buste en les cousant sur l'envers, en laissant une ouverture pour le bourrage et retournez sur l'endroit. Procédez de la même manière pour les jambes que vous bourrez ensuite avec la ouatine.
  Assemblez les jambes et le buste par quelques points de couture.
- Torsadez trois morceaux de fil de métal de 60 cm de longueur pour former les bras. Faites un nœud à 4 cm de chaque extrémité.
  Formez les mains en passant les trois brins dépassant dans une perle fantaisie. Faites un nœud.
  Passez un des brins dans une perle facettée. Réunissez les trois brins et tortillez-les. Répétez deux fois cette opération.
  Tortillez les fils et recourbez-les.
  Faites la deuxième main de la même manière à l'autre extrémité des trois fils de métal.
- Formez la tête en tortillant 10 morceaux de fil de métal de 38 cm de longueur puis donnez-lui une forme de cœur.
- Fixez la tête et les bras sur le buste par quelques points de colle.
  Collez le galon sur la jambe droite.
  Coupez deux morceaux de ruban de 15 cm, enroulez-les deux fois autour des chevilles et faites un nœud.
  Nouez le reste du ruban autour de la taille.

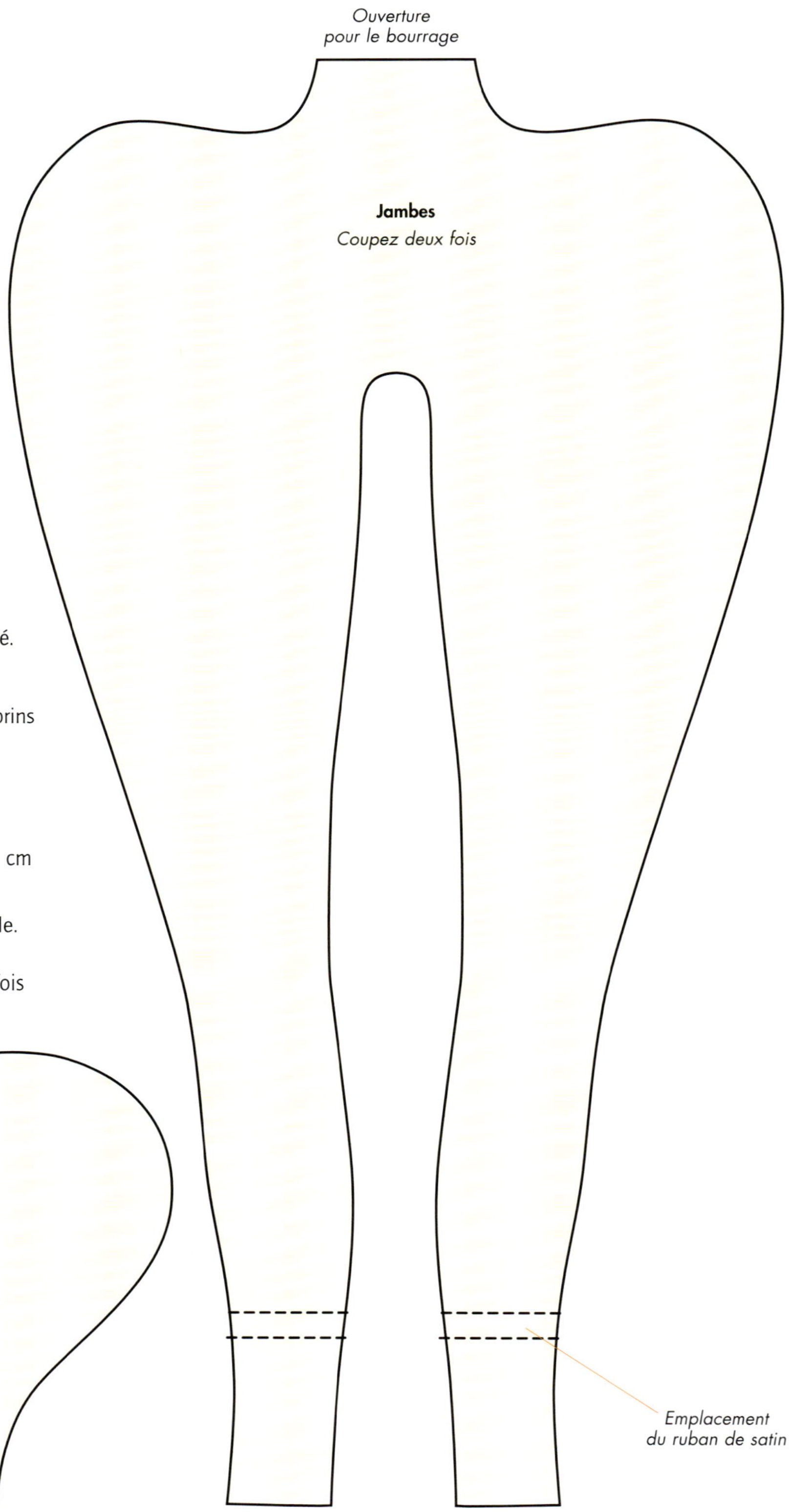

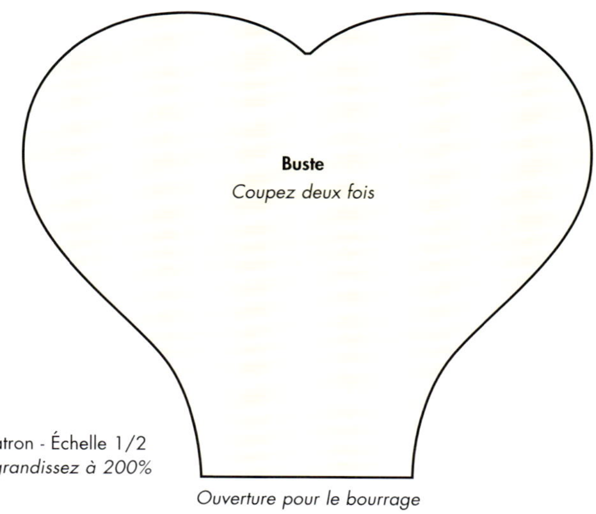

Patron - Échelle 1/2
Agrandissez à 200%

Création *Carole VERSAUD*

Ben et l'émotion du jour

80 x 60 cm de gabardine de coton (noire)
de la ouatine
du fil à broder (blanc)
des feuilles de bristol de différentes couleurs
de la peinture 3D (blanche)
2 m de velcro adhésif en 2 cm de largeur (noir)
du fil à coudre (noir)
une grosse aiguille

- Agrandissez le patron ci-contre à 200% et découpez deux fois la forme du corps en ajoutant une marge de 1 cm pour la couture.
  Assemblez les deux parties sur l'envers et laissez une ouverture sur le haut de la tête pour le bourrage.
  Retournez sur l'endroit. Bourrez le corps avec la ouatine et refermez l'ouverture par quelques points.
  Faites des points lancés avec le fil à broder sur tout le tour du corps.
  Coupez et collez trois morceaux de 1,5 cm de velcro pour les yeux et la bouche et quatre morceaux de 4 cm pour les étiquettes du corps.

- Confectionnez le tableau des mots dans un rectangle de gabardine noire de 60 x 45 cm.
  Faites un ourlet sur tout le tour.
  Pliez-le en deux puis faites une piqûre à 5 mm du bord.
  Coupez 44 rectangles dans le bristol pour former les étiquettes.
  Écrivez à la peinture 3D des verbes et des adjectifs, dessinez trois bouches différentes et trois paires d'yeux.
  Laissez sécher.
  Coupez 6 morceaux de velcro de 2 cm pour les étiquettes des yeux et 38 morceaux de 4 cm pour les autres étiquettes.
  Collez une face au dos de l'étiquette et l'autre sur le tableau.
  Vous pouvez changer les étiquettes de la frimousse en fonction de votre humeur du jour.

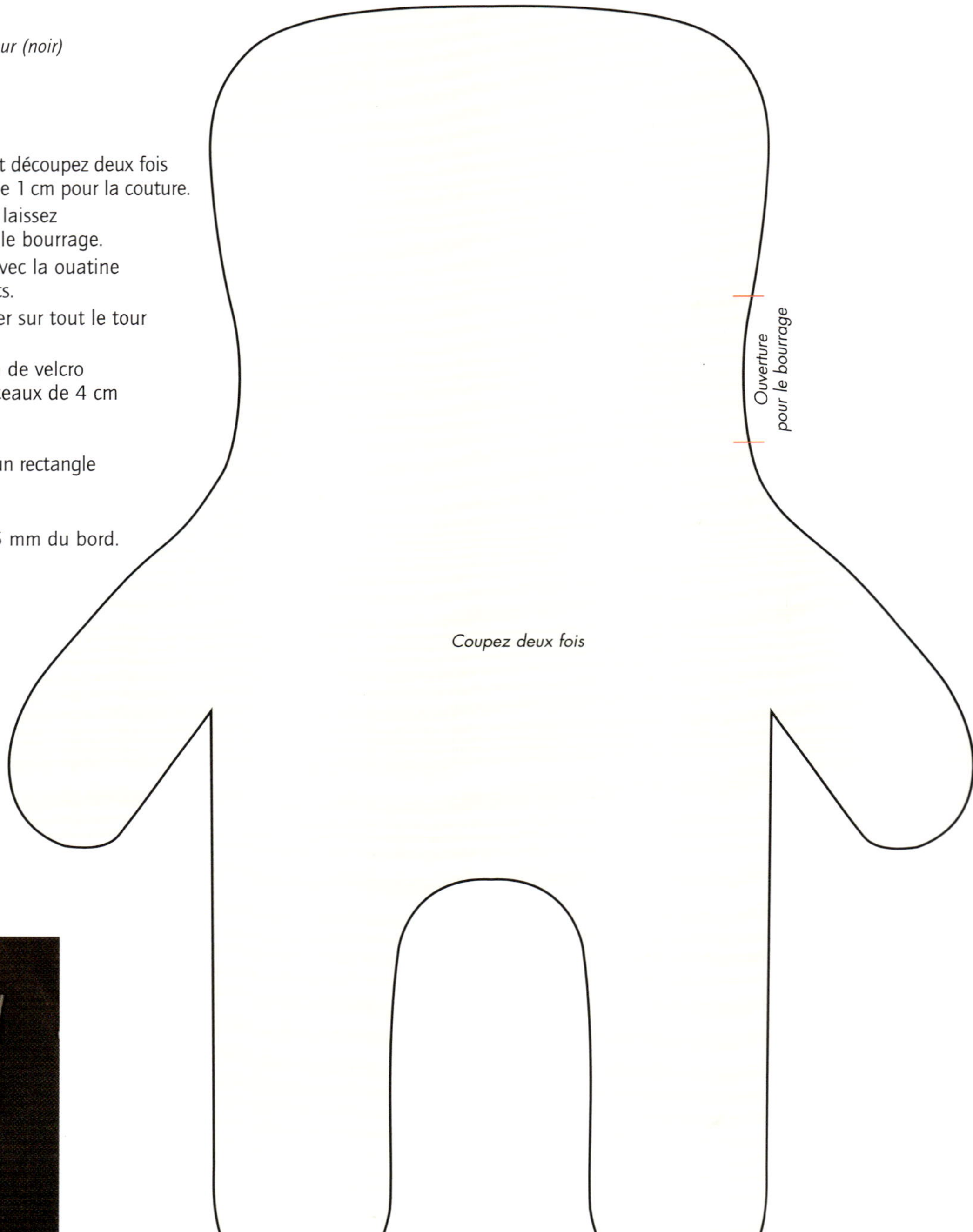

Patron - Échelle 1/2
Agrandissez à 200%

Mentir
Méchant
l'Amour
j'aime
je suis
Lucide
l'Argent
Cultivé

Création *Naoko KUBO*

Bon, Nyan et Pyon

Bon

50 x 40 cm de cotonnade (écrue) pour le corps
5 x 5 cm de feutrine (rouge) pour le cœur

Nyan et Pyon

90 x 30 cm de cotonnade (écrue) pour le corps et la queue
8 x 4 cm de feutrine (rouge) pour le cœur

Il vous faudra aussi :
du fil à coudre (noir, rouge, écru)

- Agrandissez les patrons des pages 10 et 11 à 200%. Découpez deux fois la forme du corps de *Bon* et une fois les formes (dos et devant) des corps de *Nyan* et de *Pyon* en ajoutant une marge de 1 cm pour les coutures. Épinglez-les sur l'envers de la cotonnade et découpez-les. Assemblez le devant et le (ou les) dos du corps de chaque personnage en les cousant sur l'envers. Laissez une ouverture pour le bourrage. Retournez sur l'endroit, bourrez les corps de ouatine.
- Reportez et découpez les patrons ci-contre des queues de *Nyan* et de *Pyon* et cousez-les au dos des personnages en les insérant dans la couture des dos. Refermez les ouvertures.
- Découpez les trois cœurs *(voir patrons ci-contre)* dans la feutrine rouge et cousez-les sur la poitrine par un point de feston avec le fil rouge.
- Brodez les yeux et la bouche avec le fil noir. Brodez également le contour de la coiffe de *Bon*.
- Assemblez les trois personnages en les cousant au niveau des mains et des chevilles.

Bon
Patron du cœur

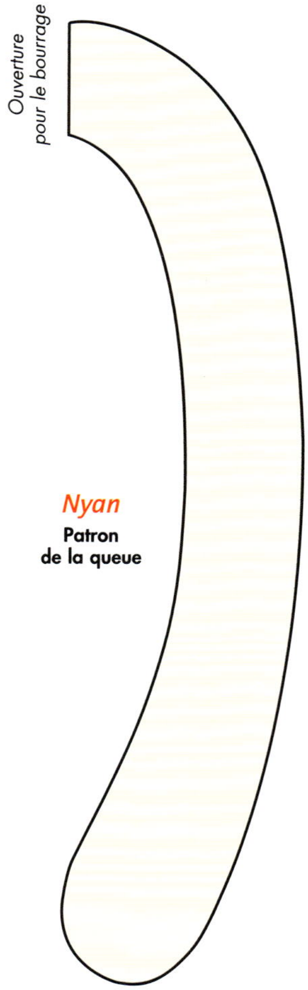

Nyan
Patron de la queue

Nyan et Pyon
Patron du cœur

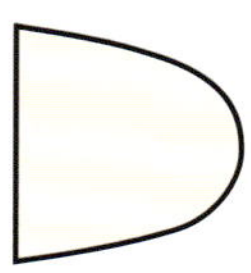

Pyon
Patron de la queue

Les patrons ci-dessus sont tous à taille réelle

Bon, Nyan et Pyon

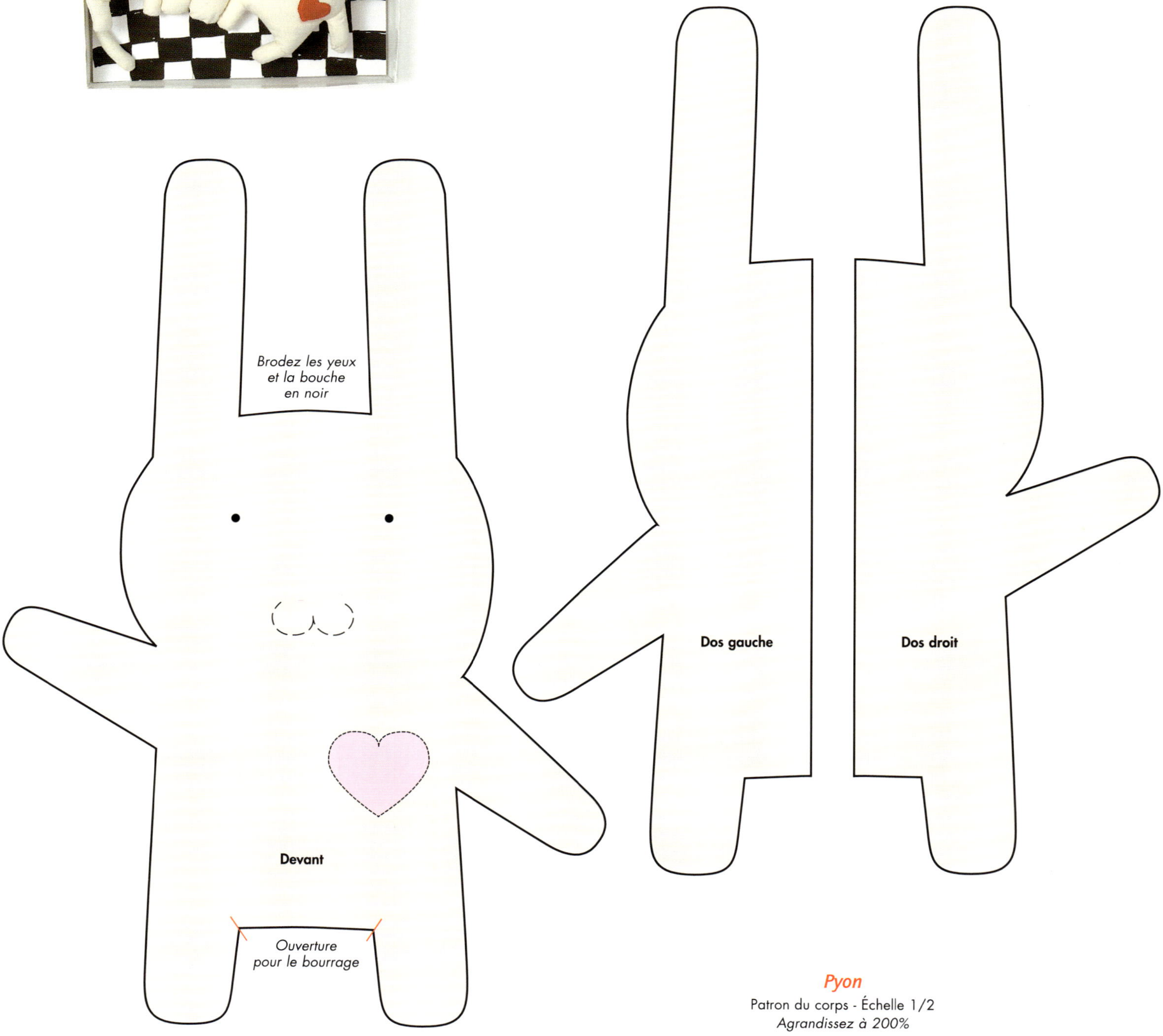

Pyon
Patron du corps - Échelle 1/2
Agrandissez à 200%

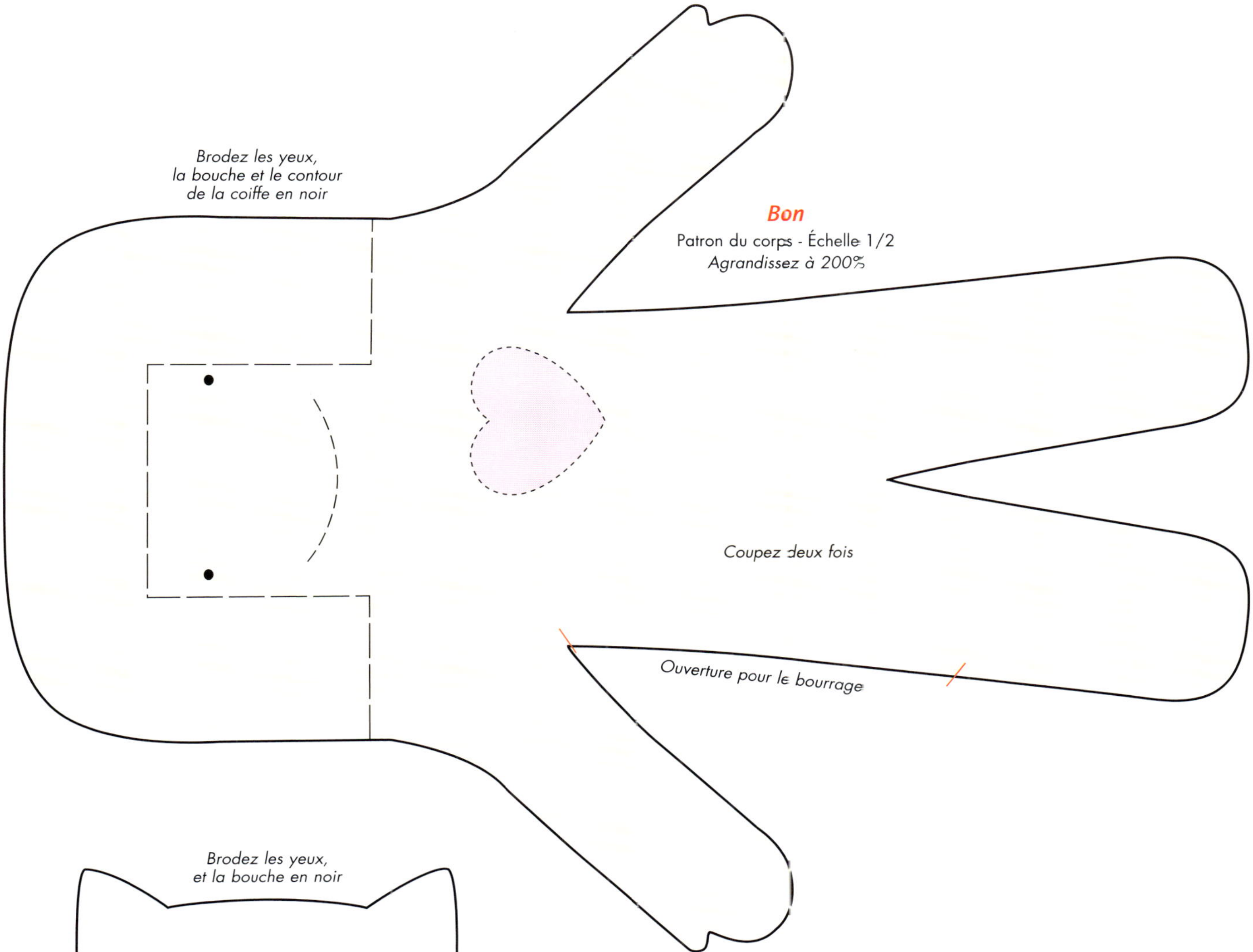

Bon
Patron du corps - Échelle 1/2
Agrandissez à 200%

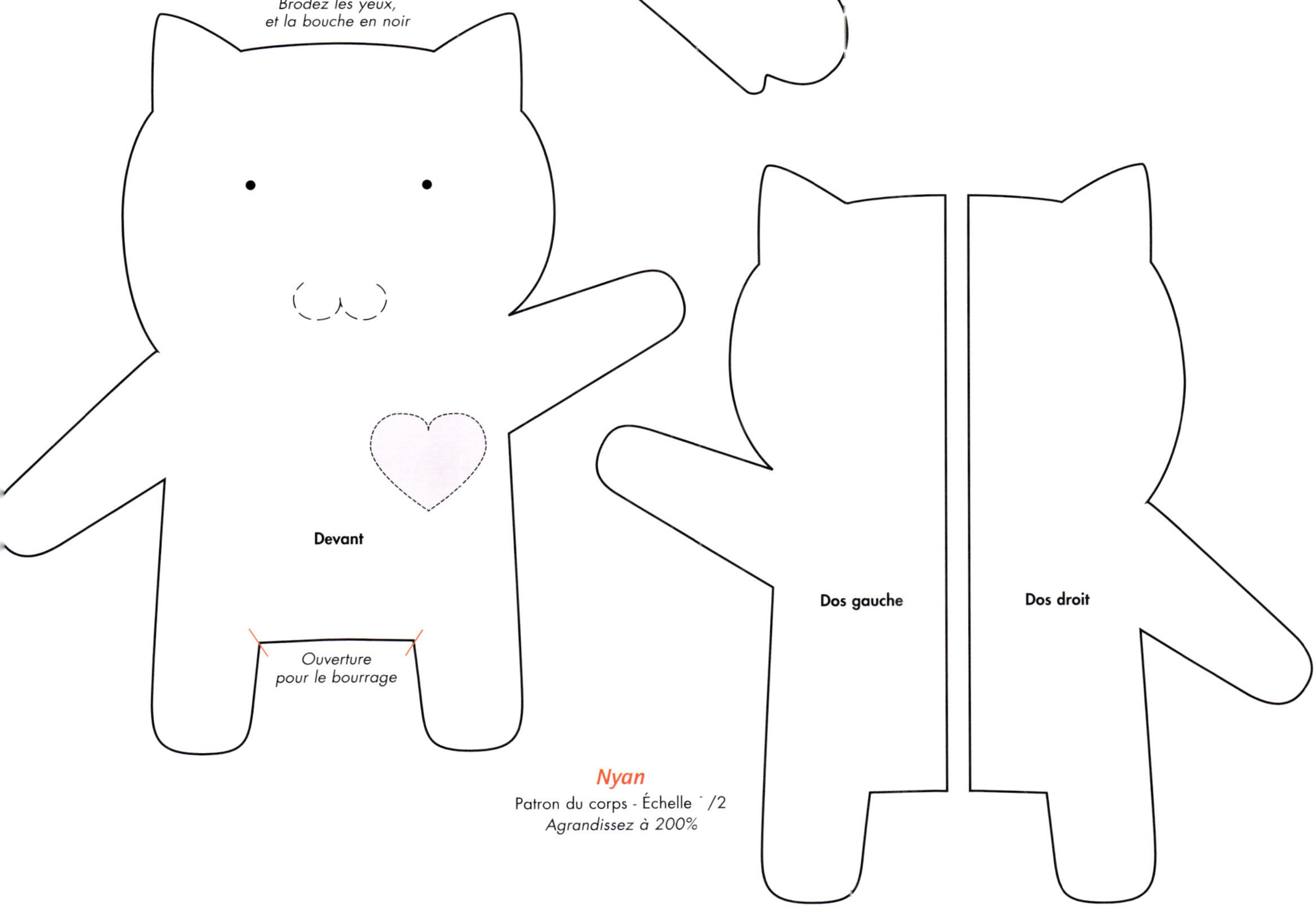

Nyan
Patron du corps - Échelle 1/2
Agrandissez à 200%

Cielo

Le corps

80 cm x 1 m de coton enduit imprimé - de la ouatine
2 boutons de Ø 1,5 cm et 2 boutons de Ø 1,8 cm (blancs)

Les ailes

35 cm de fil de fer de Ø 2 mm
de la pâte modelable ultra légère (blanche)
des plumes (blanches) - de la colle

Le casque intégral

une boule transparente en plastique souple de Ø 16 cm
et 5 épingles de sûreté

- Agrandissez tous les patrons ci-contre à 400 %. Épinglez-les sur le coton enduit imprimé puis découpez-les en ajoutant une marge de 1 cm pour les coutures.
  Assemblez le dos et le devant du corps en les cousant en AB. Laissez une ouverture au niveau du cou, retournez sur l'endroit et bourrez de ouatine.
  Assemblez, en les cousant sur l'envers, les deux profils et le dessus de la tête en les rejoignant au point A. Laissez une ouverture au niveau du cou. Retournez sur l'endroit, bourrez de ouatine et fixez la tête sur le corps en répartissant quelques fronces au niveau du cou.
  Assemblez chaque partie des oreilles, des bras et des jambes, deux par deux sur l'envers, en laissant une ouverture pour le bourrage.
  Retournez, bourrez de ouatine, refermez l'ouverture et fixez les oreilles sur la tête et les membres au corps.
- Confectionnez la queue en découpant un rond de 12 cm de diamètre dans le coton enduit. Froncez sur tout le tour et bourrez de ouatine pour obtenir une boule. Cousez celle-ci au dos de Cielo.
- Réalisez le casque dans la boule de plastique. Pratiquez une ouverture pour le passage du cou. Ouvrez la boule en deux puis refermez-la avec les cinq épingles de sûreté autour de la tête de l'ours.
- Modelez deux formes d'aile avec la pâte ultra légère. Formez une attache avec le fil de fer et fixez les ailes en piquant les extrémités du fil de fer à la base de celles-ci. Laissez sécher.
  Collez les plumes blanches sur le dessus des ailes et montez celles-ci sur les épaules de l'ours en les fixant avec l'attache en fil de fer.

NB : effectuez le bourrage au niveau des coutures d'assemblage des parties du corps.

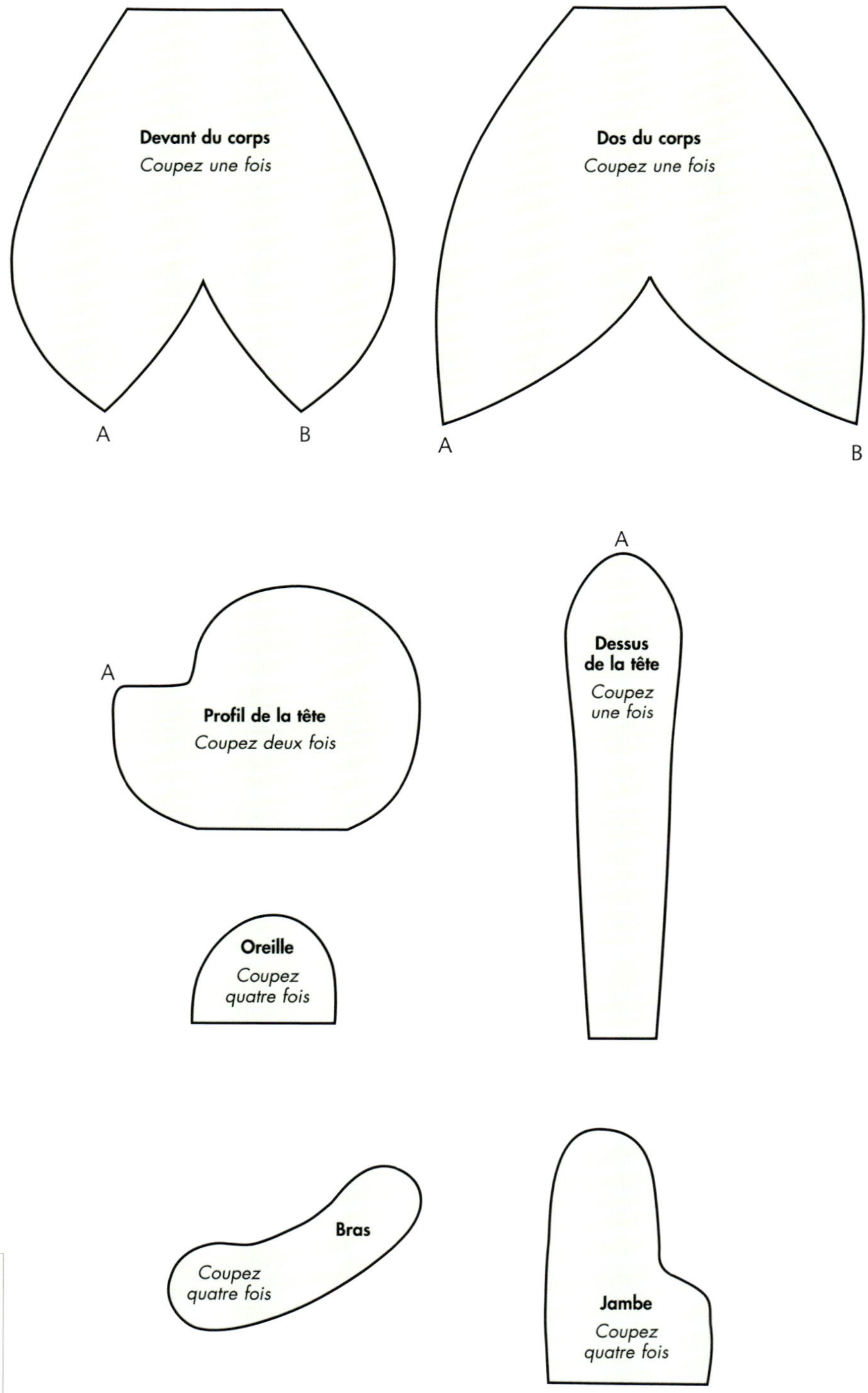

Patrons - Échelle 1/4
Agrandissez à 400%

Gros plan de la queue

Création *Saki MIZUTA*

Cathy

46 x 30 cm de cotonnade (écrue) - 12 x 12 cm de tissu (orange)
45 x 18 cm de tweed (gris) - 7,5 x 8 cm de feutrine (grise)
7 x 4 cm de feutrine (rouge) - 10 x 11 cm de feutrine (fuchsia)
2 x 2 cm de feutrine (jaune, verte)
40 x 32 cm de tricot (marron) - de la ouatine
4 boutons fantaisie de différents diamètres
du coton à broder (rouge, noir) - 1 m de laine (bleue, violette)
1 paire de ciseaux pointus - de la colle pour tissu

- Agrandissez les patrons ci-contre à 200 % et découpez-les en ajoutant une marge de 1 cm pour les coutures. Épinglez-les sur le tissu écru plié en deux puis coupez deux fois la forme du corps et deux fois celle de la tête. Cousez sur l'envers en laissant une ouverture au niveau du cou pour le bourrage. Retournez sur l'endroit. Bourrez la tête et le corps de ouatine puis assemblez-les en les cousant.
- Découpez une fois la forme d'un bras dans le tissu écru et une fois dans le tissu orange. Assemblez les côtés sur l'envers. Retournez sur l'endroit. Bourrez-le de ouatine. Cousez-le sur le corps.
  Confectionnez l'autre bras de la même manière.
  Épinglez la forme du pantalon sur l'envers du tweed et découpez-la quatre fois. Assemblez les morceaux en AB et CD en les cousant sur l'envers.
  Retournez sur l'endroit et cousez l'enfourchure.
- Découpez des petites bandes de feutrine grise. Évidez-les avec la paire de ciseaux pour former des lettres. Cousez ces bandes au point lancé avec le fil rouge sur l'endroit et sur l'arrière du pantalon.
  Découpez des formes de lettre dans la feutrine rouge puis collez-les sur l'endroit.
  Habillez Cathy et ourlez le bas du pantalon.
- Confectionnez la tunique dans la bande de tricot marron en vous reportant au schéma ci-dessous.
  Faites le piquage décoratif sur l'envers. Cousez trois boutons sur le devant et un bouton sur le côté pour fermer la tunique. Réalisez deux chaînettes avec les morceaux de laine et nouez-les autour de la taille pour former la ceinture.
- Confectionnez la coiffe dans la feutrine fuchsia et collez-la sur le dessus de la tête.
  Brodez les yeux en noir et la bouche en rouge. Découpez un cœur jaune et un vert et collez-les sur la joue gauche.

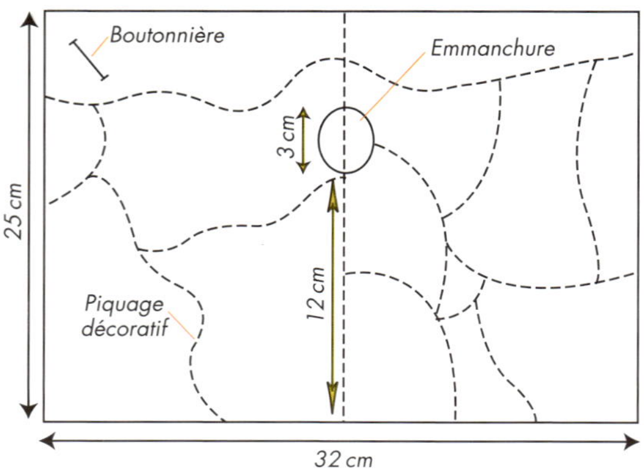

Schéma de la tunique

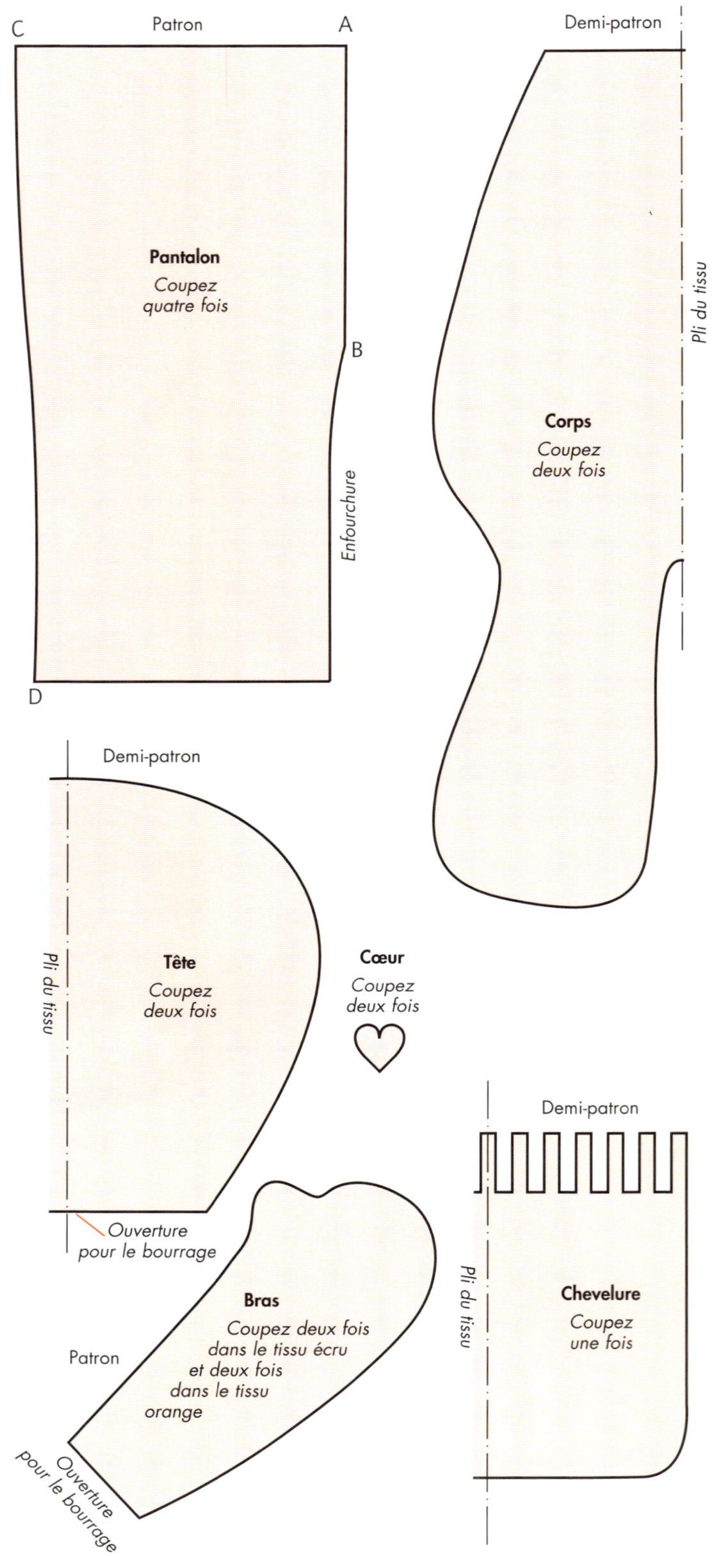

Échelle 1/2 - *Agrandissez à 200%*

opinion
action

Création *Shinko OTA*

Pinky

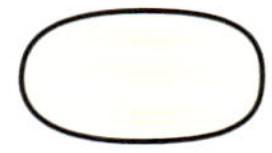

35 x 30 cm de rayonne (blanche)
50 x 45 cm de jersey de coton (rose)
10 cm de fil de fer de Ø 0,6 mm pour armer les doigts
60 cm de fil de fer de Ø 1,5 mm pour armer les jambes et les bras
du carton fort pour la plante des pieds
de la ouatine et du coton hydrophile - des fils à coudre assortis
50 g de laine (rose pâle) et 10 cm de ruban (blanc) pour la chevelure - de la colle
6 x 16 cm de satin (écru) pour la culotte
3 x 7cm de satin (écru), 14 cm de chaînette (argent) et un bijou adhésif pour le sac à main
8 x 90 cm d'organdi (blanc), 16 cm d'élastique et 60 cristaux adhésifs pour le jupon
10 g de coton perlé (écru), un crochet n°1 et 12 strass à coudre de Ø 4 mm pour la tunique
2 strass à coudre transparents de Ø 1,7 cm pour les yeux, 1 rouge à coller de Ø 8 mm pour la bouche et 10 rouges à coller de Ø 3 mm pour les ongles

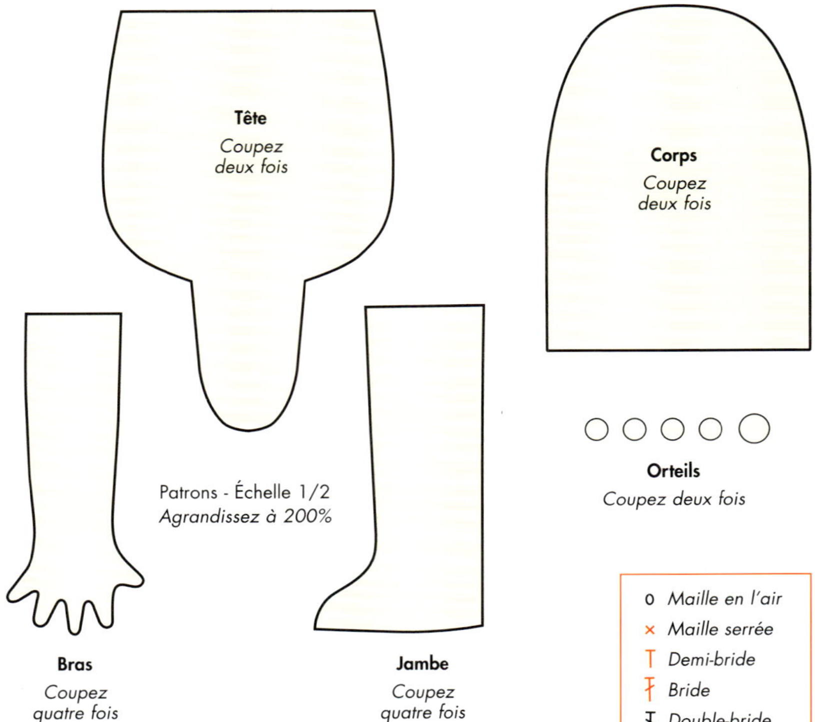

- Agrandissez les patrons ci-contre à 200 % et découpez-les en ajoutant une marge de 1,5 cm pour les coutures. Épinglez-les sur la rayonne blanche et coupez la forme du corps, de la tête, des bras et des jambes. Assemblez les morceaux en laissant une ouverture pour le bourrage. Retournez sur l'endroit et bourrez de ouatine.
- Enfoncez du fil fer dans les bras, les jambes et les doigts.
- Coupez la forme du corps, de la tête, des bras et des jambes dans le jersey de coton rose. Assemblez les morceaux de la tête. Retournez sur l'endroit et enfilez-la. Passez un boudin de coton hydrophile et modelez le front, les joues et le nez. Assemblez les autres morceaux (bras et jambes). Retournez sur l'endroit et enfilez-les sur le corps. Cousez le corps à la tête puis les bras et les jambes au corps.
- Découpez les dessous de pied dans le carton fort. Recouvrez-les de jersey rose et cousez-les sous les pieds. Confectionnez la culotte dans le satin écru. Enfilez celle-ci sur la poupée et cousez-la autour des cuisses et à la taille.
- Réalisez le jupon dans l'organdi. Faites une coulisse dans laquelle vous passez l'élastique. Habillez la poupée avec ce jupon et collez dessus les cristaux adhésifs.
- Faites la chevelure en laine. Cousez-la sur le dessus de la tête et fixez-la par quelques points de colle. Tressez deux nattes et nouez-les avec les petits rubans de satin blanc. Cousez les yeux et collez la bouche. Confectionnez le petit sac à main.
- Procédez ensuite à la réalisation de la tunique au crochet *(voir schémas ci-contre)*. Vous pouvez la confectionner en crochetant 11 fleurs et le motif central ou en récupérant les motifs de fleurs dans un napperon. Assemblez-les et cousez les strass au centre de chacune d'elles.

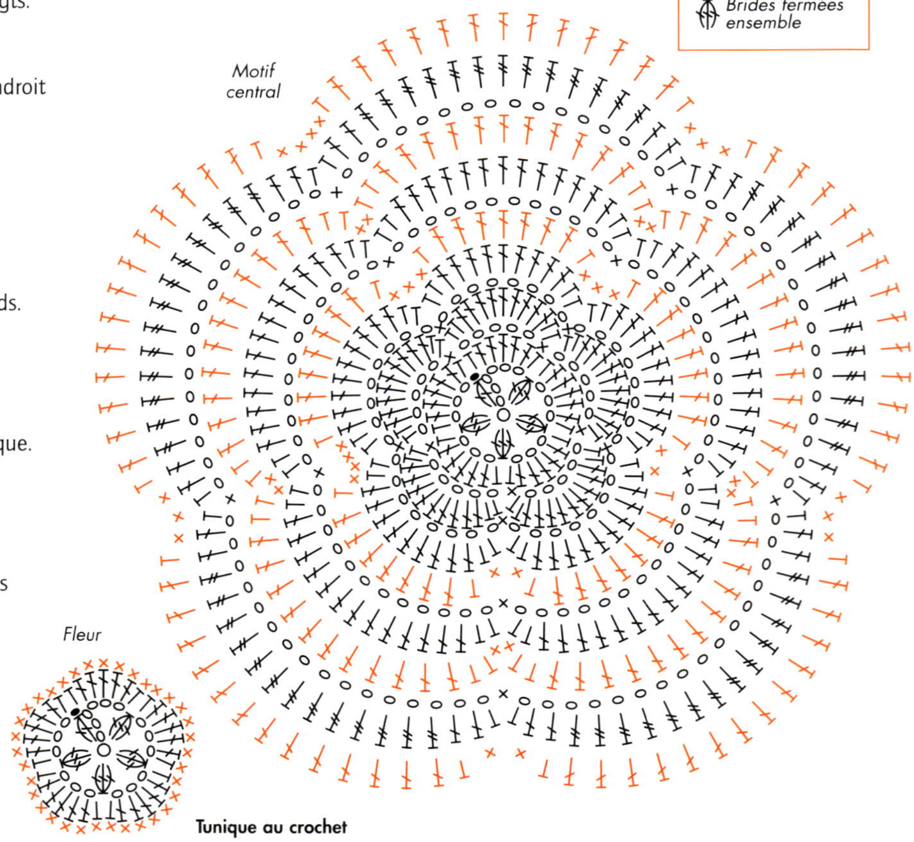

Tunique au crochet

Titi

17 x 17 cm de tissu (gris)
17 x 17 cm de tissu (noir)
un petit morceau de tissu (rouge) pour la langue
de la ouatine
des plumes
7 perles tubulaires de Ø 2 mm et de 7 mm de longueur (noires)
1 clou à riveter pour le nez
des fils (rouge, noir)
20 cm de ruban de satin (rouge) en 7 mm de largeur
1 feutre (noir) pour tissu

- Reportez-vous au patron ci-dessous et découpez les deux morceaux de tissu. en ajoutant une marge de 1,7 cm pour les coutures.
  Cousez, sur le tissu gris, les perles pour représenter les yeux et posez le clou pour le nez.
  Brodez la forme de la bouche avec le fil rouge puis découpez la forme de la langue dans le tissu rouge et cousez-la.
- Assemblez les deux ronds de tissu, endroit contre endroit, en laissant une ouverture sur le haut de la tête.
  Retournez sur l'endroit, bourrez de ouatine et fermez l'ouverture qui doit être droite pour représenter le front.
- Fixez les plumes par des points de couture.
  Dessinez les taches de rousseur au feutre noir.
  Terminez en cousant le ruban rouge, plié en deux, sur le dessus de la tête pour former l'attache de suspension.

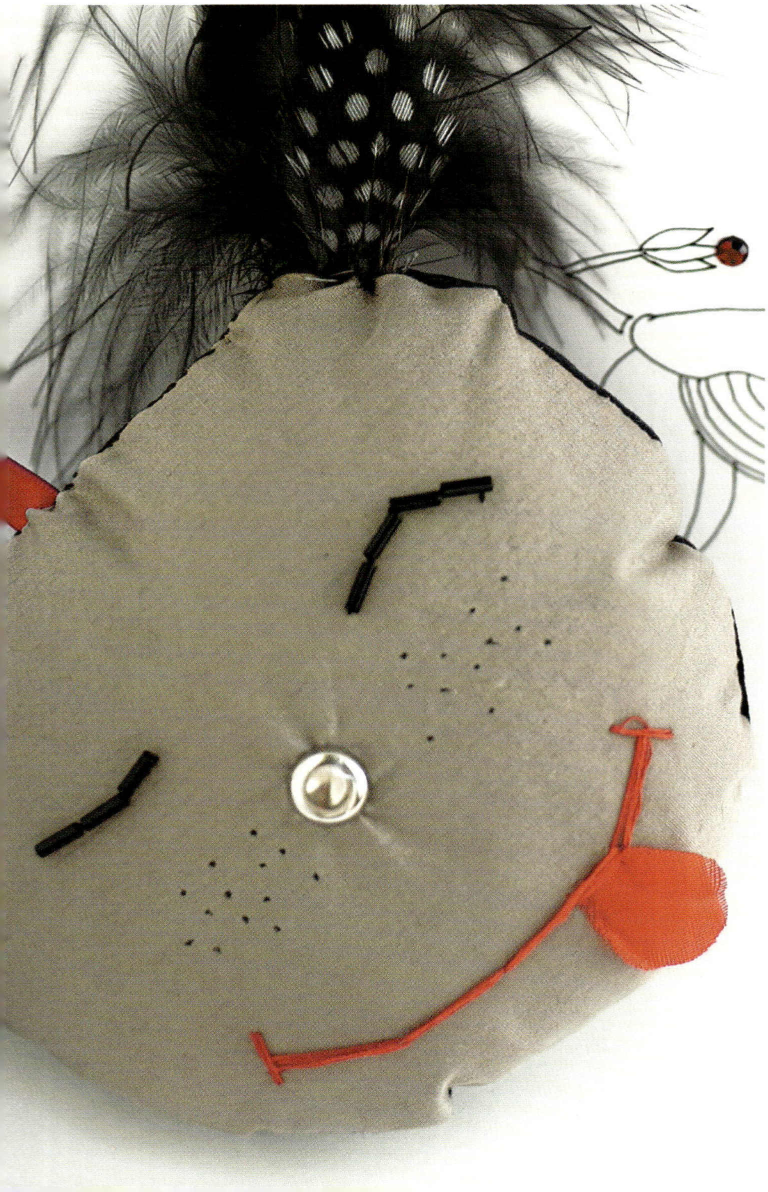

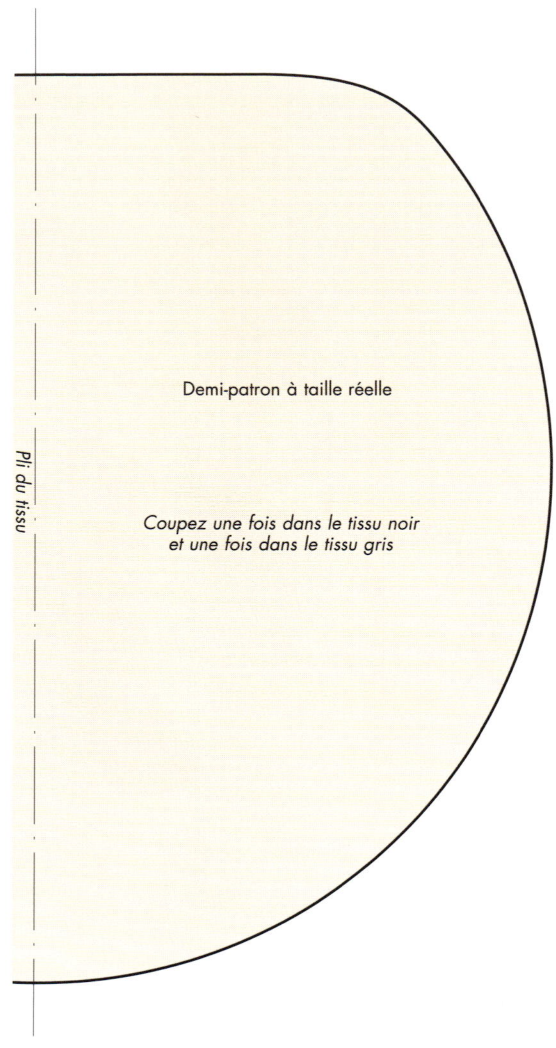

Création *Ohta TEPPEI*

Doommm...

90 x 70 cm de toile de drap
de la ouatine
4 boutons (rose, marron, vert, écru)
du coton à broder (écru)
des feutres pour tissu (bleu, rouge, vert, émeraude, orange, noir)

- Reportez les patrons des pages 22 et 23.
  Découpez toutes les pièces en ajoutant 5 mm pour les coutures, avec le nombre d'exemplaires indiqué, dans la toile de drap.
  Commencez par assembler les pièces constituant le front, la trompe et l'arrière de la tête. Cousez-les sur l'envers.
  Retournez puis cousez les autres pièces sur l'endroit (oreilles, bras, jambes, postérieur et corps).
- Bourrez de ouatine chaque partie, au niveau des assemblages puis fermez.
  Surfilez toutes les coutures extérieures.
- Cousez les pattes au corps en ajoutant un bouton pour chacune d'elles.
- Terminez en dessinant les motifs avec les feutres pour tissu.

A

TASS

Doommm…

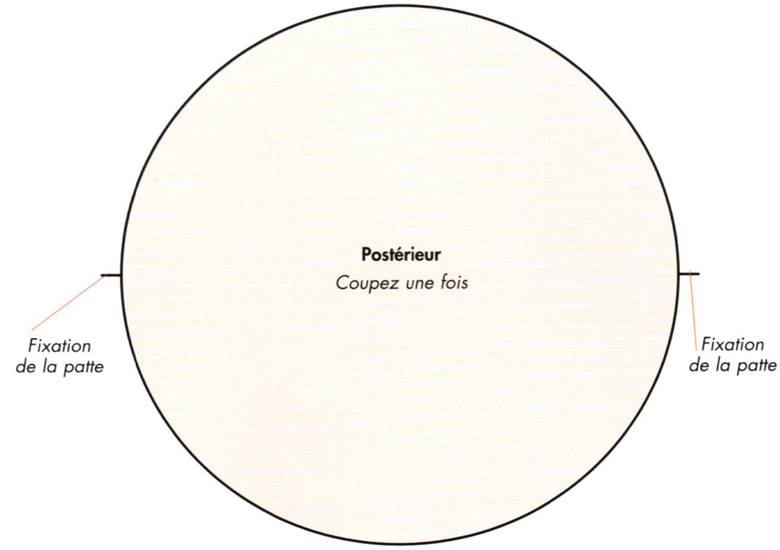

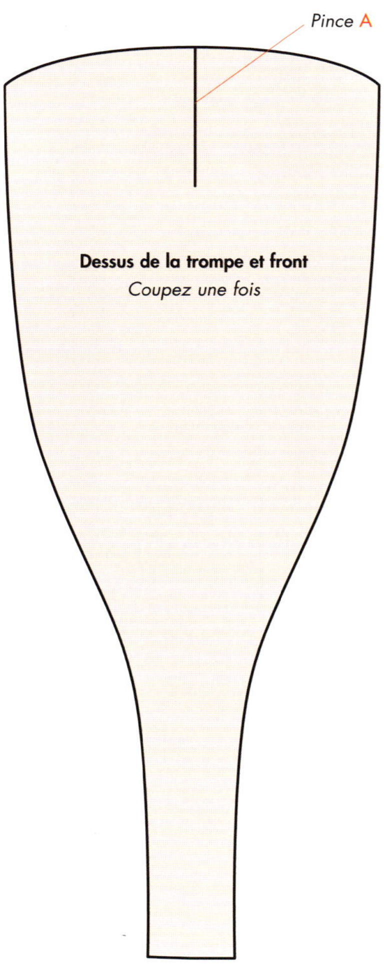

Patrons à taille réelle

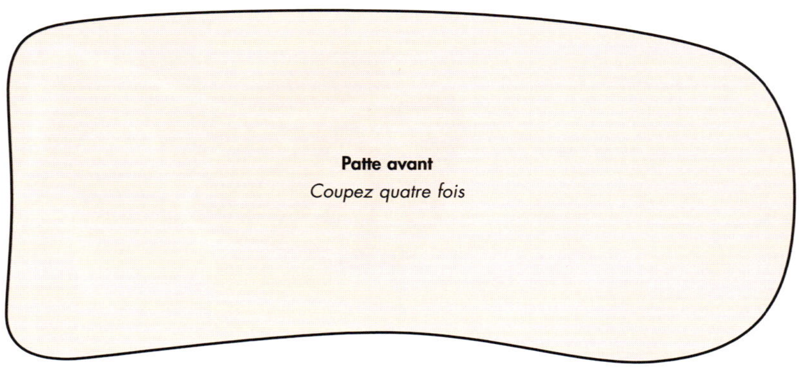

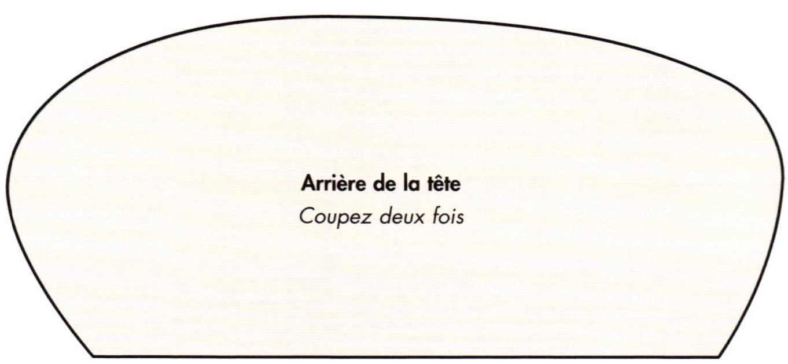

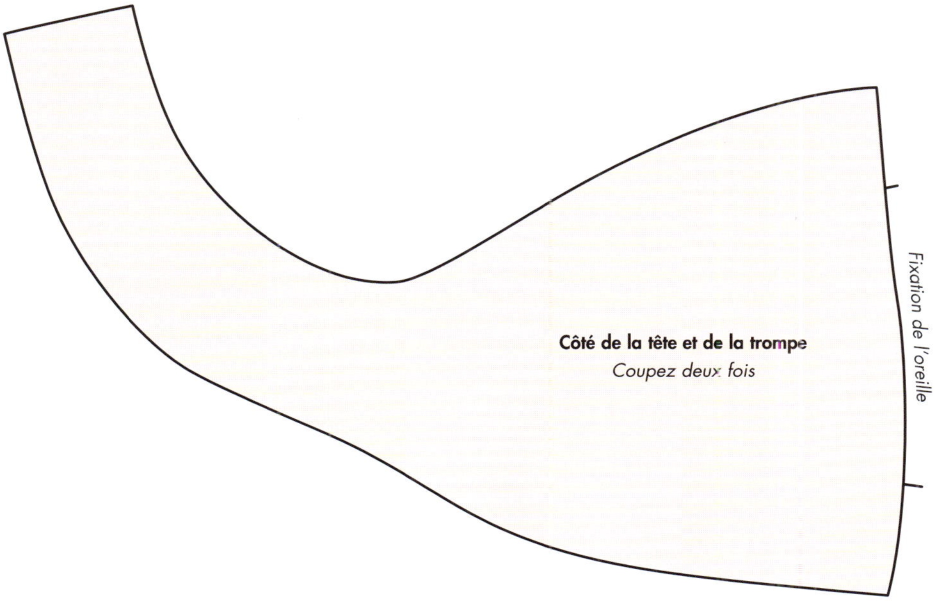

Patrons à taille réelle

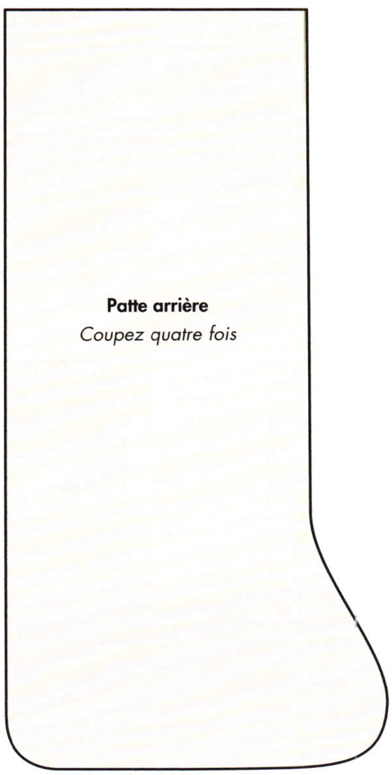

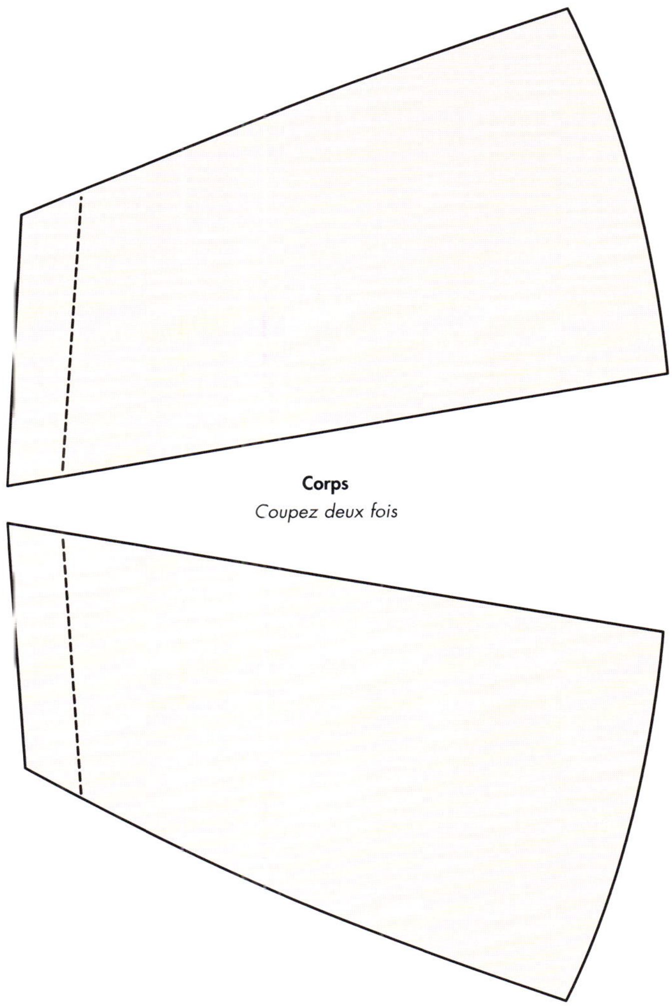

Création *Lydia SAMSONOWA*

Giyuou

55 x 35 cm de popeline (blanche)
de la ouatine
du fil à coudre (blanc)
1 m de ruban de cuir (noir)
une feuille de papier transfert pour imprimante d'ordinateur
et le texte de Khalil Gibran
(poète et peintre libanais 1883-1931)

- Agrandissez le patron ci-contre à 200%. Épinglez-le sur la popeline blanche et découpez-le en ajoutant 1 cm pour la couture.
- Transférez le texte et les traits du visage sur le devant et le dos de la frimousse. Attention, le texte doit être imprimé à l'envers, afin de pouvoir le transférer correctement sur le tissu.
- Assemblez le dos et le devant en les cousant sur l'envers. Laissez une ouverture sur un côté, retournez sur l'endroit et bourrez de ouatine en commencant par les bras et les pieds. Refermez l'ouverture.
- Faites les nœuds sur le ruban de cuir, puis passez ce lien autour du cou de la poupée.

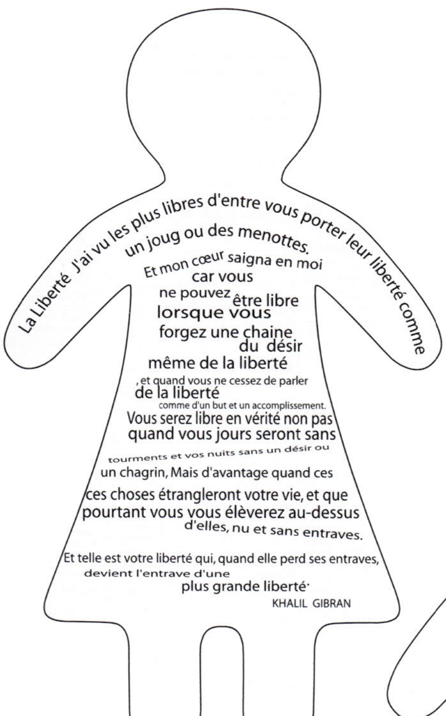

Texte devant
Agrandissez à 400%

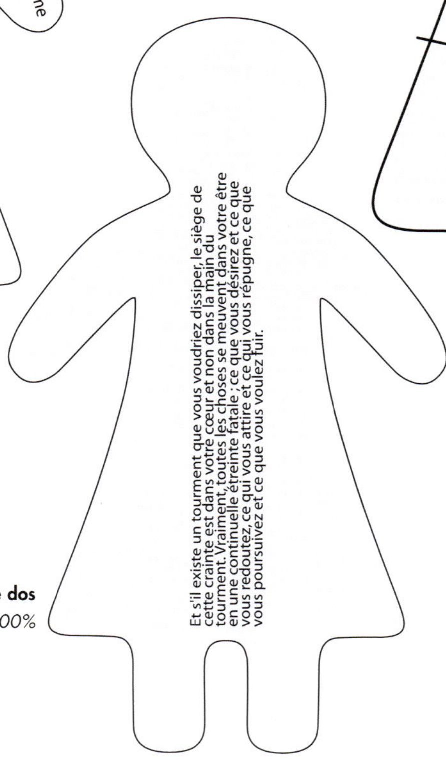

Texte dos
Agrandissez à 400%

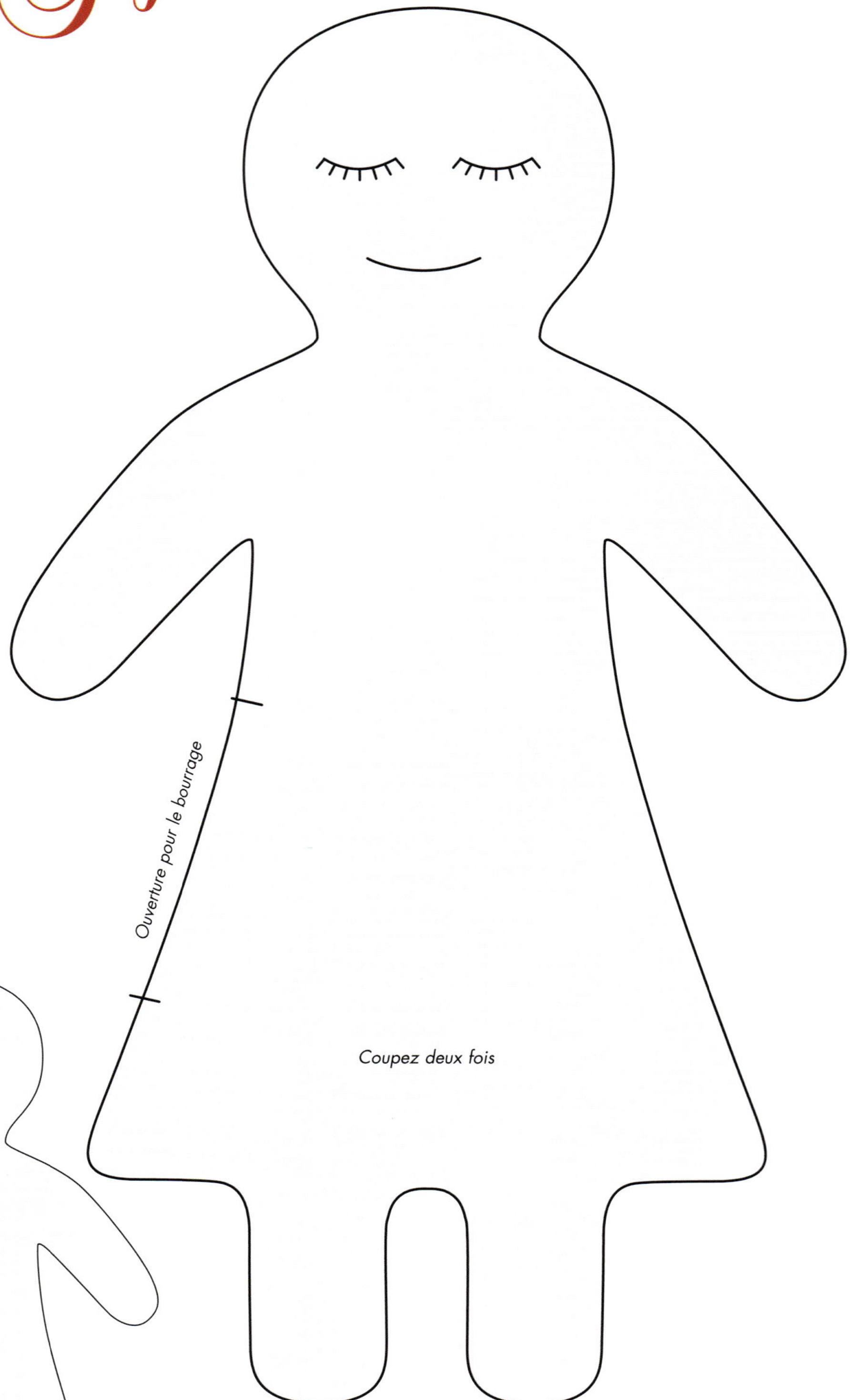

Patron - Échelle 1/2
Agrandissez à 200%

La Liberté.
joug ou des menottes.
saigna en moi
car vous
ne pouvez etre libre
même de la liberté
de la
liberté
Vous serez libre en vérité
quand vos jours seront sans
tourments et vos nuits sans un désir
un chagrin. Mais
d'avantage quand ces
choses étrangleront votre vie, et que
vous vous élèverez au-dessus d'elles, nu et
sans entraves.
Et telle est votre liberté qui, quand elle perd ses entraves
devient
l'entrave d'une
plus grande liberté.
Khalil Gibran

Création *Hiromi FURUUCHI*

Love lapin

75 x 20 cm de tissu éponge (blanc)
16 cm de galon perlé (blanc)
du coton à broder (noir)
du fil à coudre (blanc)

- Agrandissez les patrons ci-contre à 200%.
  Épinglez-les sur le tissu éponge et découpez-les en ajoutant 1 cm pour les coutures.
  Assemblez les deux pièces de la tête en les cousant sur l'envers.
  Laissez une ouverture au niveau du cou.
  Retournez sur l'endroit et bourrez de ouatine, au niveau des assemblages.
  Refermez l'ouverture.
- Assemblez ensuite les deux pièces du corps de la même manière.
  Retournez sur l'endroit et bourrez de ouatine.
  Refermez l'ouverture et fixez la tête et le corps.
- Confectionnez les pattes avant et les pattes arrière.
  Cousez-les au corps.
- Faites les oreilles et le cœur et fixez-les sur la tête.
  Brodez les traits (yeux, nez et bouche) avec le coton noir.
- Terminez en cousant le galon perlé autour du cou.

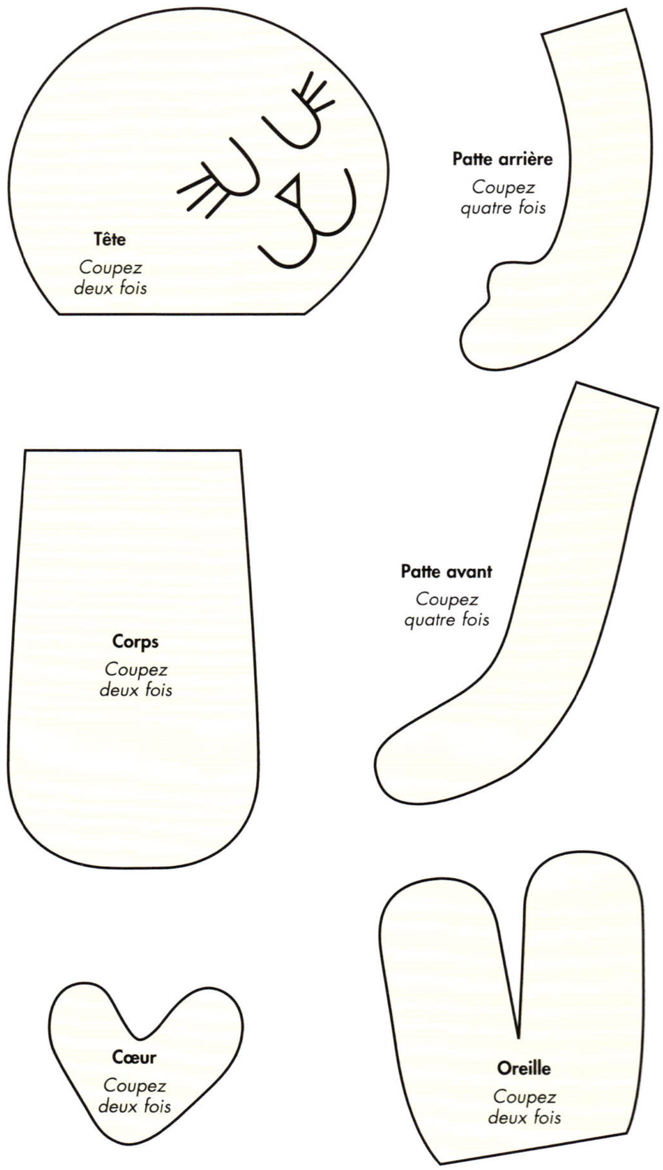

Patrons - Échelle 1/2
Agrandissez à 200%

Création *Misato KAMIIDE*

Misato

30 x 50 cm de jersey (noir)
35 x 15 cm de tissu imprimé (rose) pour le fichu et le bec
de la ouatine
2 sequins (argent) de Ø 6 mm pour les yeux
des plumes multicolores
de la colle

- Agrandissez les patrons ci-contre à 200 %.
  Épinglez-les sur le tissu noir et découpez-les en ajoutant 1 cm pour les coutures.
  Assemblez les deux pièces de la tête en les cousant sur l'envers.
  Laissez une ouverture au niveau du cou.
  Retournez sur l'endroit et bourrez de ouatine.
  Refermez l'ouverture.
- Collez les sequins et le bec confectionné dans un morceau de tissu imprimé.
- Assemblez les deux morceaux du cou. Bourrez de ouatine et fixez ce cou à la tête.
  Assemblez ensuite les deux pièces du corps de la même manière.
  Retournez sur l'endroit et bourrez de ouatine.
  Refermez l'ouverture et fixez la tête et le corps.
- Confectionnez les pattes avant et les pattes arrière.
  Cousez-les sur le corps.
- Collez les plumes sur le corps au gré de votre fantaisie.
  Coupez et ourlez le fichu puis nouez-le sous le menton.

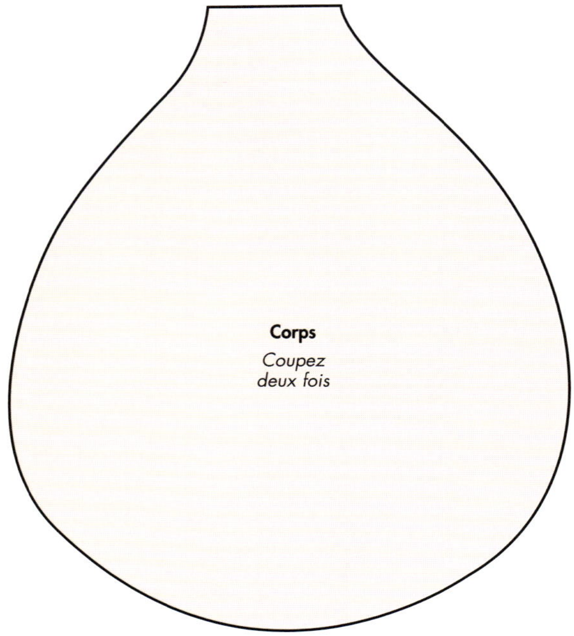

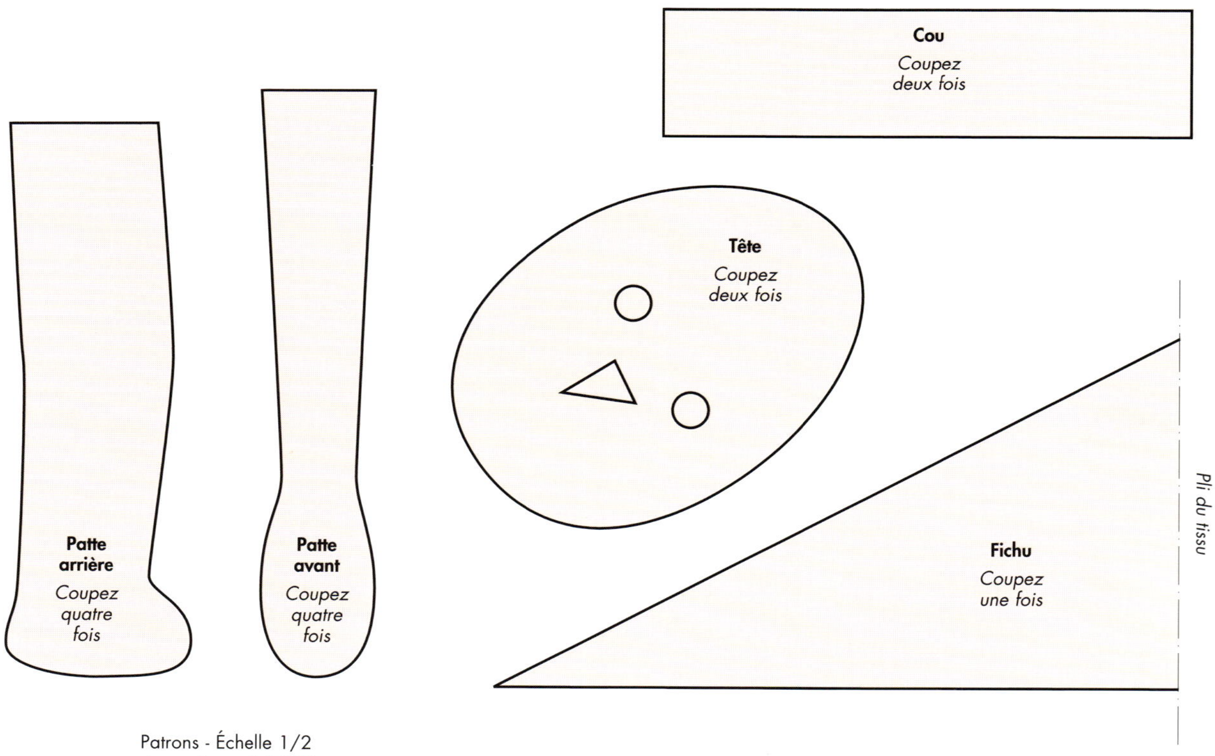

Patrons - Échelle 1/2
Agrandissez à 200%

Création *Mutita SORALUMP*

My bear

35 x 18 cm de tissu polaire (beige)
10 x 6 cm de tissu polaire (blanc)
15 x 12 cm de lainage imprimé (marron et rose)
10 x 12 cm de tissu écossais (marron)
10 x 6 cm de jersey (blanc) et 10 x 6 cm de jersey (jaune)
13 x 6 cm de velours (rouge), 13 x 6 cm de tissu (fuchsia) et 13 x 6 cm de tissu (marine)
de la ouatine
2 boutons de Ø 1 cm (noirs) et 3 de Ø 1,5 cm (blancs)
15 cm de ruban de velours en 1,6 cm de largeur (marron)

- Agrandissez tous les patrons ci-contre à 200 %. Épinglez-les sur les différents tissus puis découpez-les en ajoutant 1 cm pour les coutures *(voir patrons ci-contre)*. Commencez par assembler les deux morceaux de la tête en les cousant sur l'envers et en laissant deux ouvertures pour les oreilles et une au niveau du cou. Retournez sur l'endroit et bourrez de ouatine.
- Confectionnez ensuite les oreilles en les cousant sur l'envers. Retournez-les puis fixez-les de chaque côté de la tête. Assemblez les deux morceaux du corps en les cousant sur l'envers et en laissant deux ouvertures pour les bras et deux pour les jambes. Bourrez de ouatine et assemblez le corps et la tête.
- Réalisez les deux bras et les deux jambes de la même manière puis cousez-les au corps.
- Cousez les deux boutons noirs sur la tête pour représenter les yeux puis les trois boutons blancs sur le corps. Terminez en nouant le ruban de velours marron autour du cou.

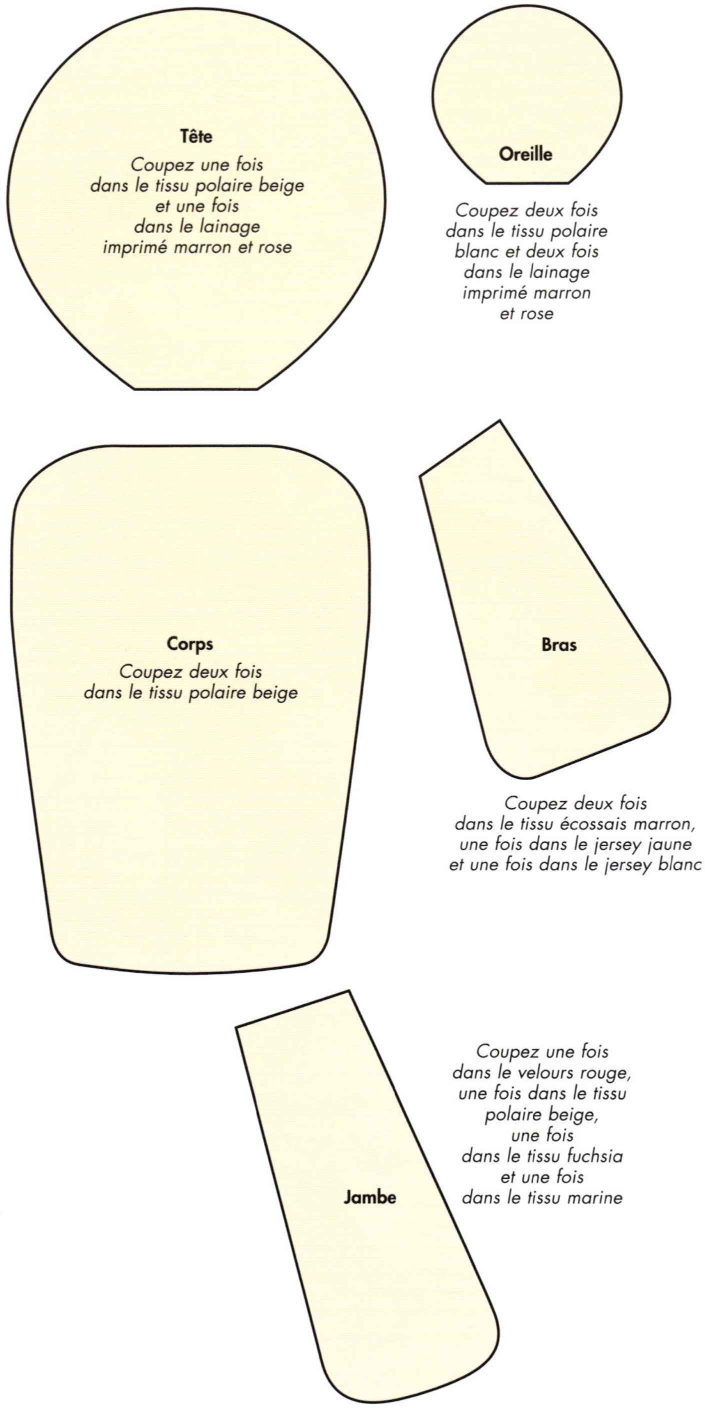

Patrons - Échelle 1/2
Agrandissez à 200%

Vue de dos

Création *Marie-Astrid BRACHET*

News paper

40 x 28 cm de plastique translucide (housse de vêtement)
du papier journal pour le rembourrage
1 fermeture à glissière (blanche) de 13 cm de longueur
du fil à coudre (rouge)
des bandes de plastique adhésif (blanches) de 1 cm de largeur et de longueurs différentes
du plastique adhésif transparent
des mots découpés dans des journaux
une bouche et deux yeux découpés dans un magazine

- Agrandissez le patron ci-contre à 200 %. Épinglez-le sur le morceau de plastique translucide et découpez-le en ajoutant 1 cm de marge pour les coutures.
- Cousez la fermeture à glissière au milieu du dos. Assemblez le devant et le dos. Retournez sur l'endroit et rembourrez avec de petites boules de papier journal.
- Plastifiez les mots découpés avec le plastique transparent. Encadrez chaque mot avec les bandes blanches de plastique adhésif. Faites une couture en zigzag pour maintenir le collage.
- Disposez et collez ces étiquettes sur la poupée.
- Faites une couture en zigzag sur le bord supérieur de la bouche et sur les paupières puis collez-les sur le visage de la poupée.

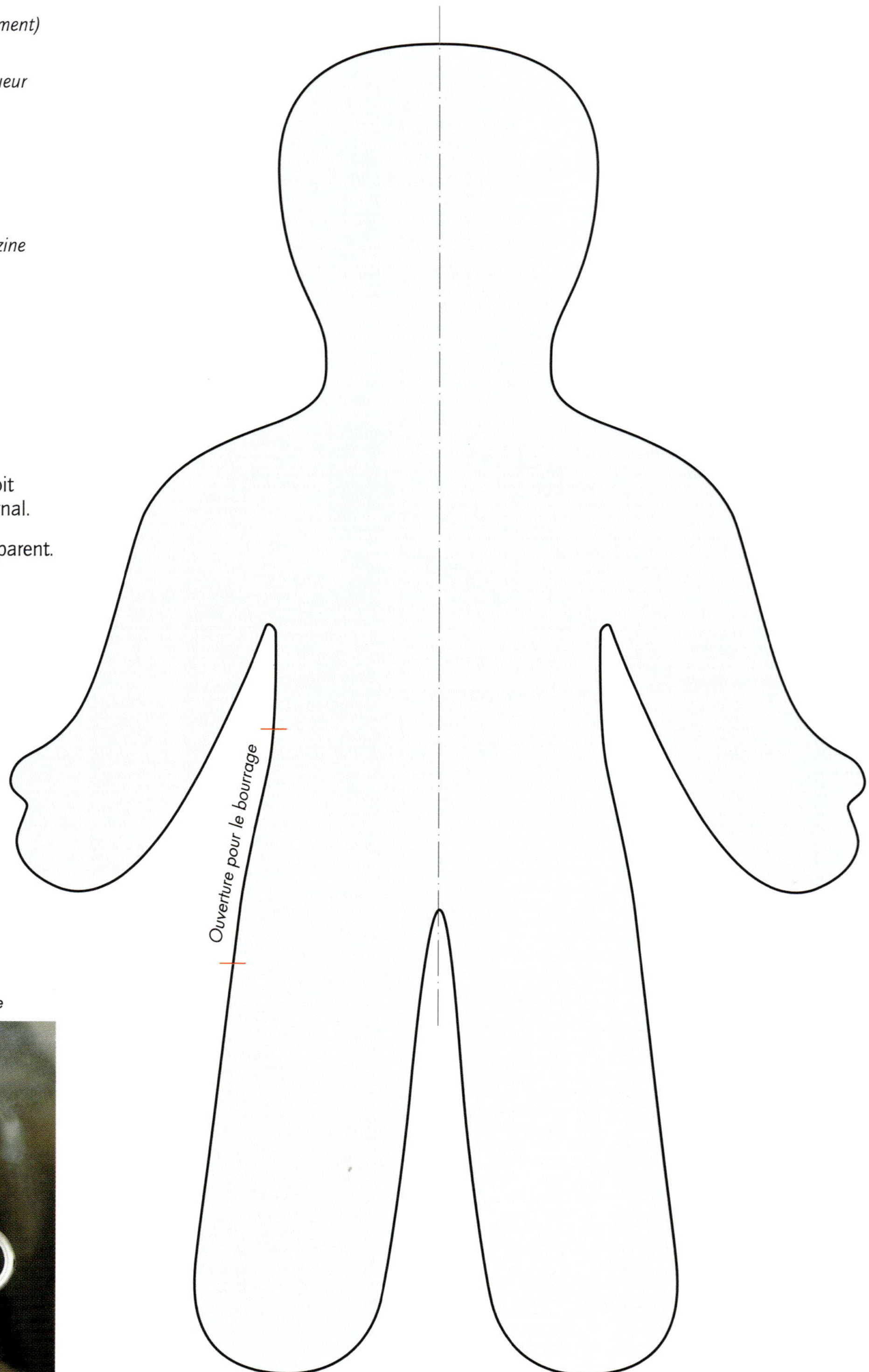

Patron - Échelle 1/2
Agrandissez à 200%

Fixation de la fermeture à glissière au dos de la poupée

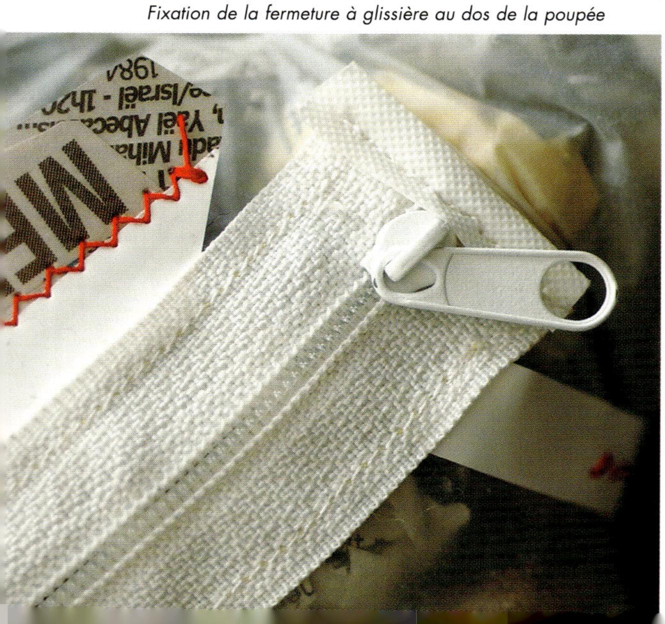

(SAUVE)GARDER
DÉCOUVRIR
APPRENTISSAGE

Création *Romain BOYÈRE*

Quelqu'un à l'intérieur

45 x 32 cm de tissu en stretch (blanc) pour le corps
45 x 32 cm de tissu en stretch (bleu) pour la combinaison
de la ouatine et du fil à coudre (blanc)
une fermeture à glissière de 32 cm de longueur (blanche) et du fil (bleu)
de la laine (noire, blanche) pour les cheveux
des feutres pour tissu (or, noir, rouge, orange)
de la peinture relief (or, noire) et de la colle pour tissu
des paillettes facettées de couleurs différentes
des perles en forme de goutte de 1 cm,
des perles longues de 7 mm et des perles rondes de Ø 4 mm

- Agrandissez le patron du corps ci-contre à 200 %. Épinglez-le sur le tissu en stretch blanc et découpez-le en ajoutant une marge de 1 cm pour les coutures. Assemblez le dos et le devant sur l'envers en laissant une ouverture pour le bourrage. Retournez sur l'endroit et bourrez avec la ouatine.
- Reportez-vous à la photo en page ci-contre et à votre imagination, pour décorer le corps de la poupée avec les paillettes, les perles, la peinture relief et les feutres.
- Encollez le dessus de la tête et disposez la laine noire en spirale pour représenter la chevelure. Nouez les cheveux en catogan avec un brin de laine blanche.
- Confectionnez ensuite la combinaison avec le tissu en stretch bleu *(voir patron ci-contre)*. Découpez le milieu du devant et montez la fermeture à glissière. Assemblez les deux morceaux sur l'envers et retournez sur l'endroit.

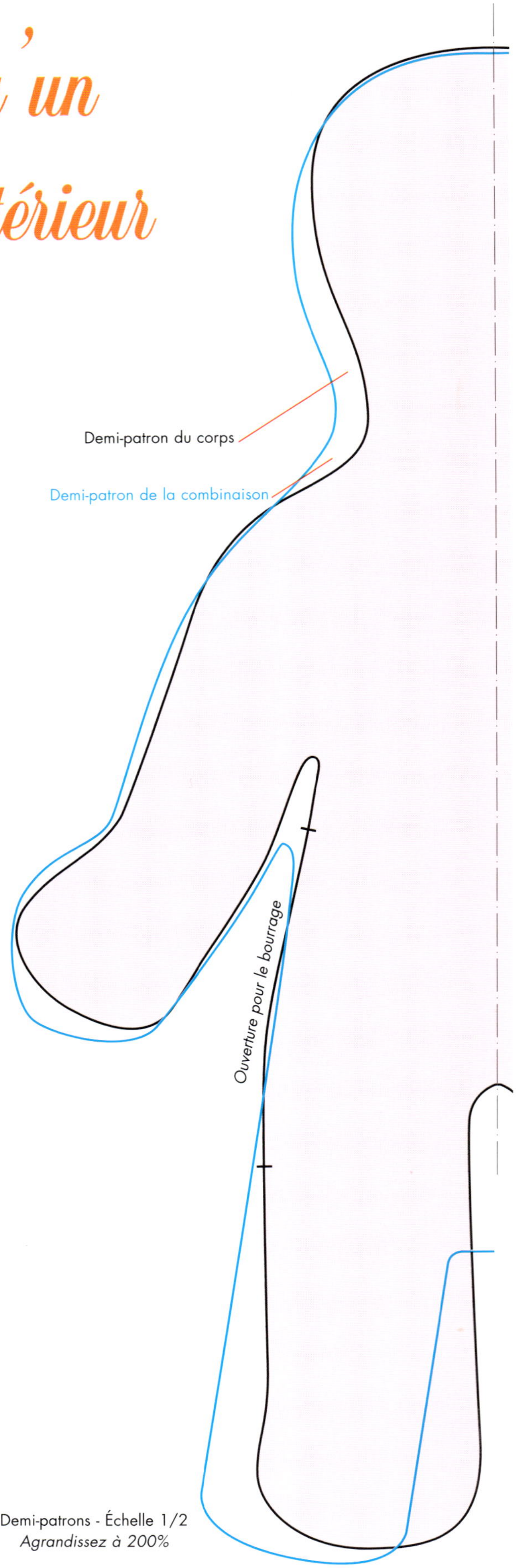

Demi-patrons - Échelle 1/2
Agrandissez à 200%

Création *Rika KOBAYASHI*

Rico

35 x 60 cm de soie beige dont les motifs de fleurs représentent les yeux
2 perles opaques en verre de Ø 5 mm (rose, bleu foncé)
du coton à broder (écru, beige) - des fils à coudre assortis
du fil à dentelle (beige rosé) pour les cheveux
2 lacets de 60 cm de longueur (rose, bordeaux)
2 bandes de 20 cm de tissu imprimé en 2 cm de largeur
1 fleur en passementerie pour les cheveux
1 aiguille de taille moyenne

- Reportez les patrons et épinglez-les sur la soie beige puis découpez-les en ajoutant une marge de 1 cm pour les coutures. Commencez par assembler les deux morceaux de la tête en les cousant sur l'envers. Laissez une ouverture au niveau du cou. Retournez sur l'endroit et bourrez de ouatine.
- Confectionnez ensuite le corps de la même manière et cousez-le à la tête.
- Réalisez les deux bras et les deux jambes puis cousez-les sur le corps.
- Cousez les deux perles à l'emplacement des yeux et brodez le petit motif dans le bas du corps.
- Enroulez du fil à dentelle sur environ 1 cm, au niveau des épaules, dans le haut des cuisses et sur 5 mm autour du cou.
- Réalisez la chevelure. Pour cela, coupez des morceaux de fil à dentelle d'environ 30 à 40 cm. Cousez-les un par un sur la tête. Faites un chignon, nouez-le avec les bandes de tissu imprimé et les lacets.
- Terminez en piquant la fleur en passementerie sur le côté du chignon.

Les patrons et demi-patrons sont tous à taille réelle

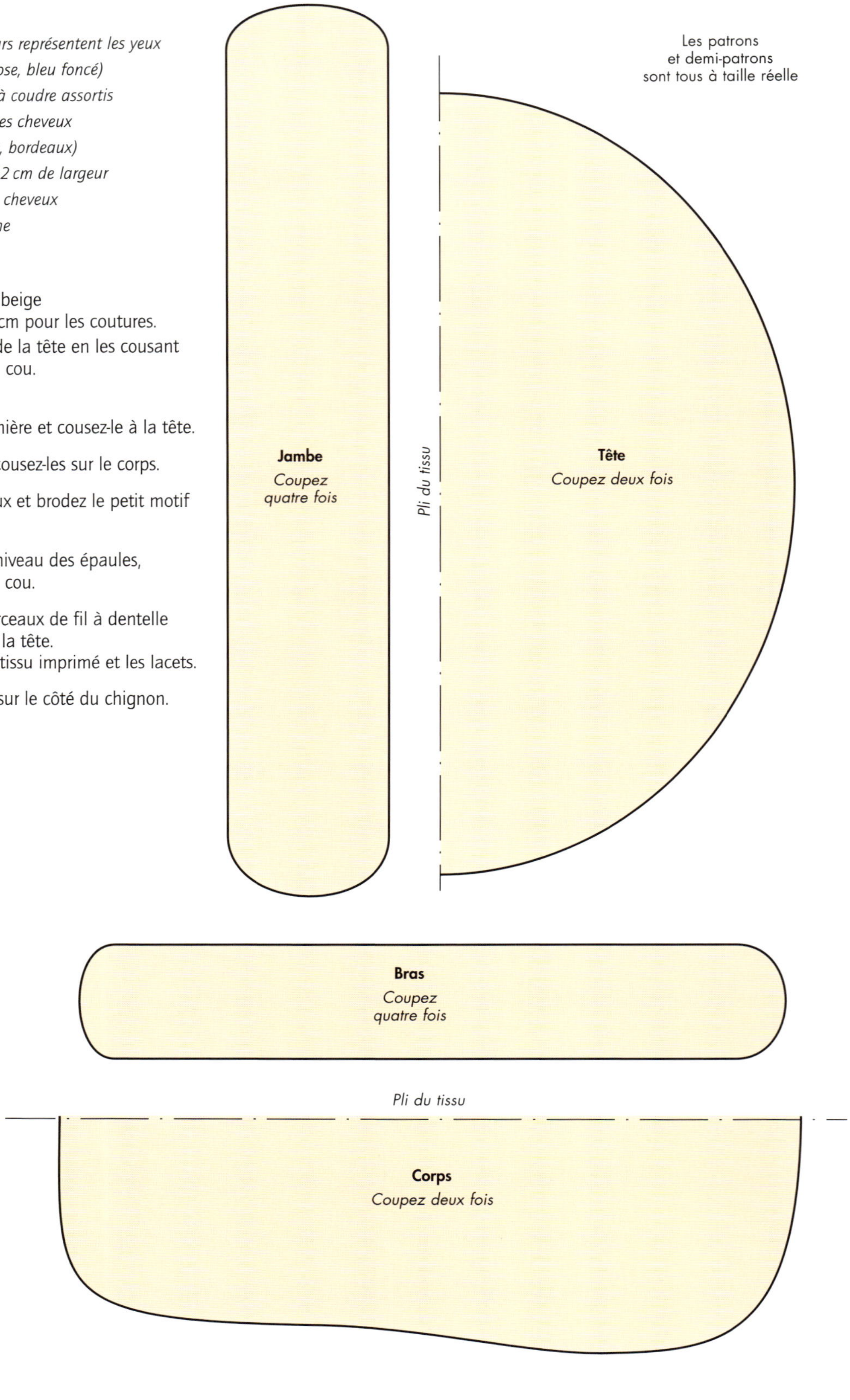

Création *Pauline BAUSIÈRE*

Lesbyduo

70 x 140 cm de coton (écru) - de la ouatine
10 x 5 cm de jersey de coton (noir) pour le bandeau
30 x 30 cm de jersey de coton (noir) pour les tops
40 x 40 cm de toile denim pour le pantalon en jean
40 x 40 cm de toile de coton avec imprimé camouflage pour le second pantalon
des fil à coudre assortis
20 tresses de faux cheveux de 25 cm de longueur
1 gros feutre pour tissu (or) pour écrire sur les tops

- Agrandissez le patron du corps ci-contre à 400 %. Épinglez-le sur le coton écru puis découpez-le en ajoutant une marge de 1 cm pour les coutures. Assemblez les morceaux sur l'envers en laissant une ouverture. Retournez. Bourrez la tête avec la ouatine ainsi que le corps et les jambes puis refermez l'ouverture. Réalisez deux corps identiques.
- Cousez les tresses, une par une, sur un corps. Ourlez le bandeau et cousez-le autour des tresses rassemblées.
- Agrandissez les patrons du top et du pantalon *(voir ci-dessous)* à 200 %. Épinglez-les sur les tissus correspondants et coupez-les en ajoutant une marge de 1 cm pour les coutures. Assemblez les morceaux des vêtements sur l'envers. Retournez sur l'endroit et enfilez-les sur les poupées. Fixez le top au corps par quelques points de couture dans le haut et dans le bas.
- Maintenez les deux poupées ensemble par des points de couture au niveau des mains et des hanches en croisant les bras.
- Terminez en inscrivant au feutre pour tissu or, LIBERTÉ et CHÉRIE au dos des tops.

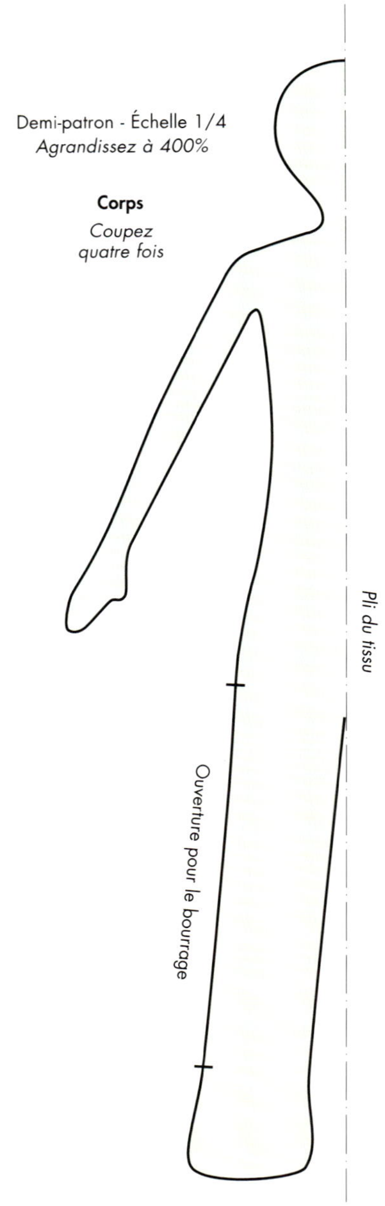

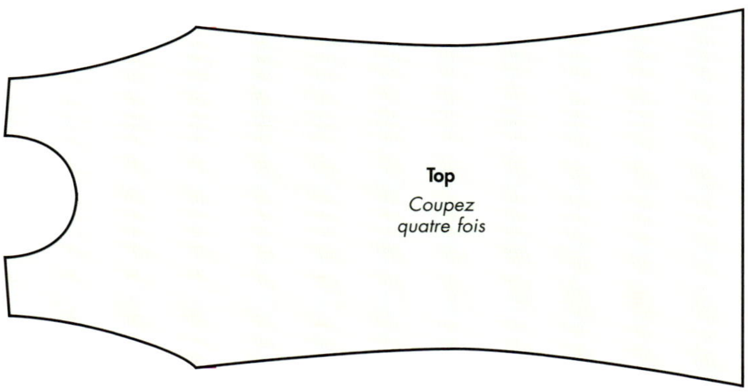

Patron et demi-patron
Échelle 1/2
Agrandissez à 200%

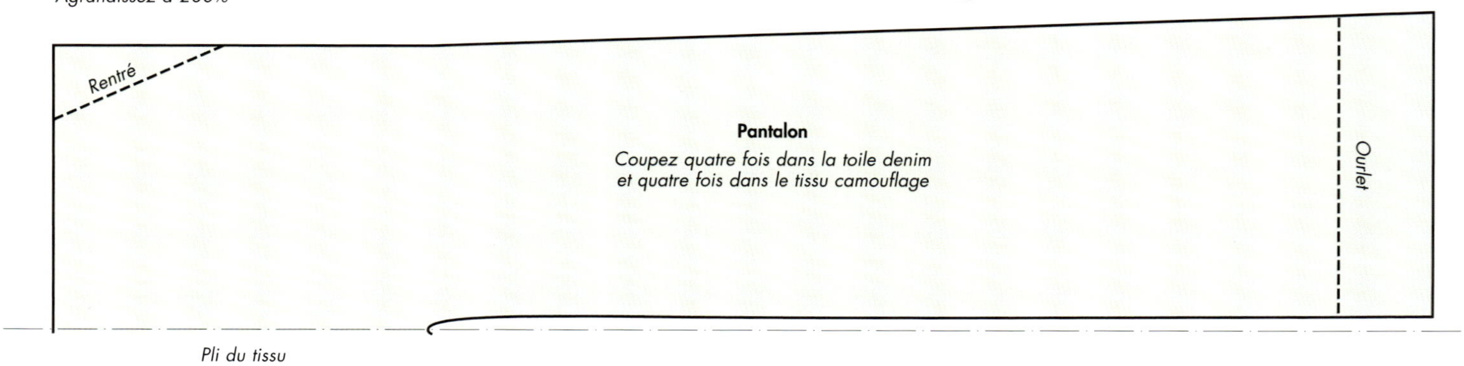

CHERIE
LIBERTE

Création *Adrien AUFFRET*

Spiritus

40 x 60 cm de toile de coton (écrue) pour le corps
50 x 50 cm de mousseline (noire) pour la toge
45 x 45 cm de tulle souple (noir) pour le voile
10 x 15 cm de dentelle (noire) pour la ceinture
de la semoule de blé pour le remplissage
de la peinture acrylique brillante
pour les traits du visage (noire, rouge, or)
25 strass à coudre de Ø 5 mm (noirs)
des plumes (noires) pour la chevelure et les ailes
du carton rigide pour les ailes
de la colle forte

- Agrandissez le patron du corps ci-contre à 200 %.
  Épinglez-le sur le coton écru et découpez-le.
  Coupez également les deux bras arrière.
  Assemblez les deux morceaux du corps sur l'envers sans oublier de laisser les ouvertures de 1 cm (pour le remplissage).
  Retournez sur l'endroit et faites des surpiqûres au niveau des pointillés *(voir patron)* pour séparer les bras et les jambes du corps.
  Opérez de la même façon pour les deux bras supplémentaires.
- Remplissez chaque partie désormais indépendante les unes des autres avec de la semoule de blé puis fermez, à la main, les ouvertures avec un point serré (pour éviter les fuites !).
  Lorsque le corps et les bras supplémentaires sont remplis, assemblez ces derniers au niveau de la surpiqûre et derrière ceux du corps.
- Cousez le morceau de dentelle au niveau de la taille.
- Prenez le carré de mousseline et enroulez la poupée à l'intérieur pour créer une toge.
- Coupez les ailes en une seule pièce dans le carton rigide et recouvrez-les de plumes noires collées.
  Laissez bien sécher la colle forte et accrochez ces ailes dans le dos de la poupée avec du fil solide.
- Les bras avant peuvent être accrochés l'un à l'autre par un point de couture au milieu de la main.
- Cousez des plumes sur la tête en guise de chevelure.
  Prenez le morceau de tulle souple pour créer le voile.
  Peignez les traits du visage.
  Il ne reste plus qu'à orner la poupée avec des strass puis à la suspendre.

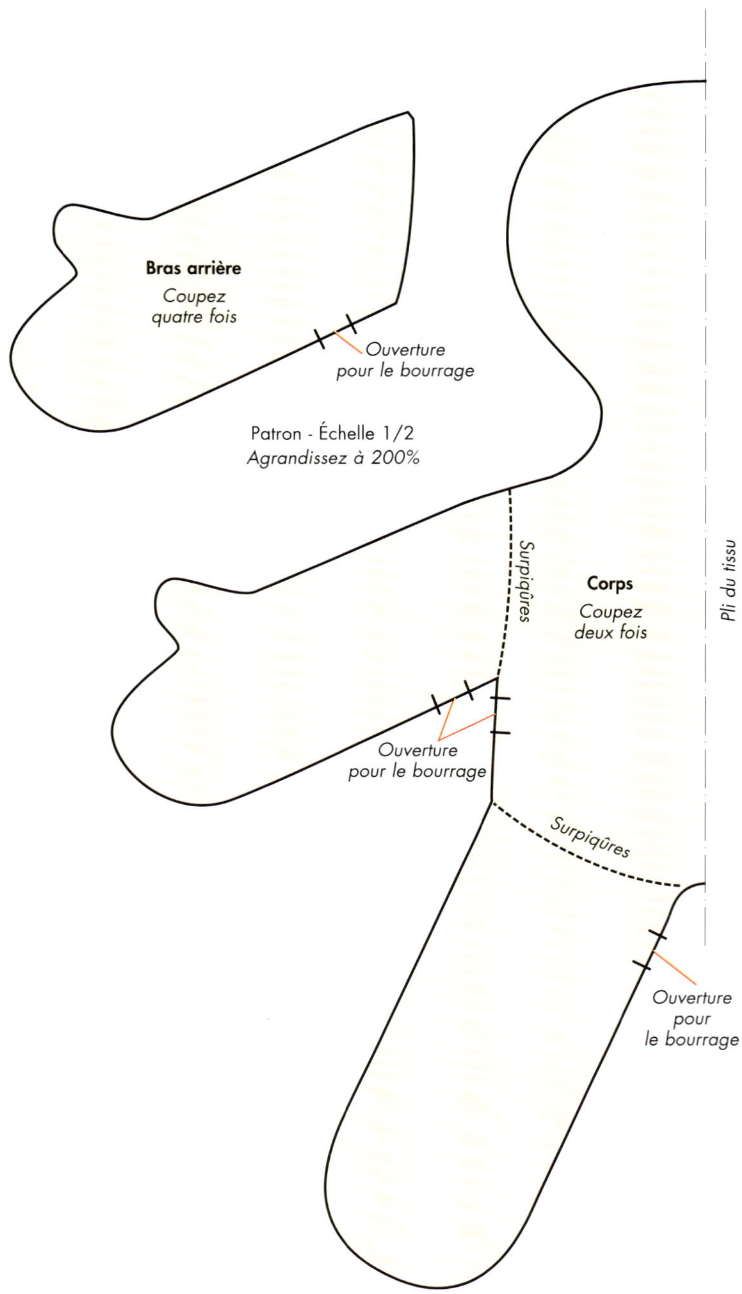

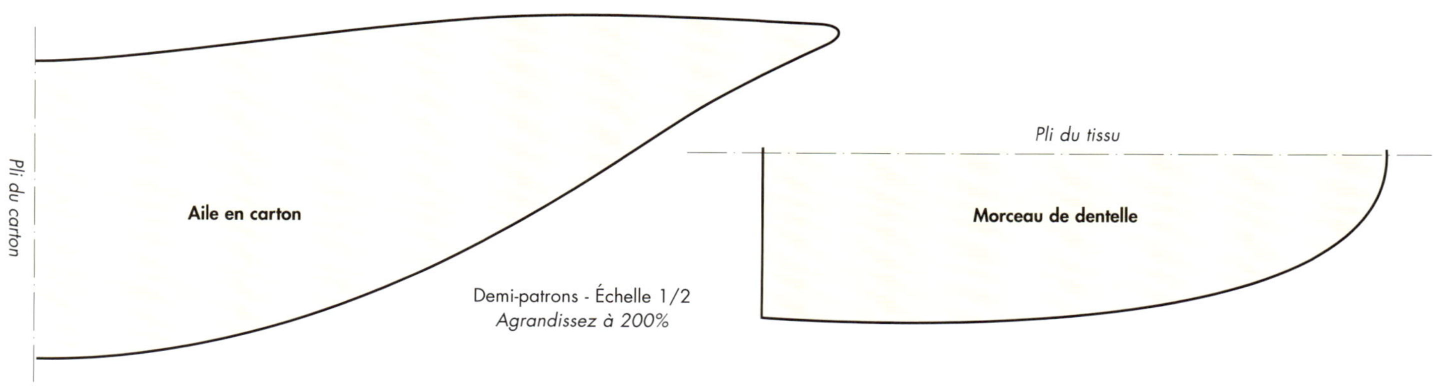

Création *Yu YAMAZAKI*

Crazy socks

une longue chaussette (beige) et de la ouatine pour le corps
15 cm d'un morceau de collant épais (noir) pour la chemise
2 boutons (noirs) et un morceau de tissu éponge (blanc) pour les yeux
1 morceau de jersey épais (beige clair) pour les bras et les jambes
4 boutons (vert pâle) pour les bras et les jambes
du ruban (noir) en 5 mm de largeur

- Remplissez bien la chaussette avec de la ouatine.
  Modelez les fesses de la poupée.
  Faites un repli au niveau des hanches et brodez avec le ruban.
- Formez la bouche et cousez les yeux
  (boules en tissu éponge blanc et boutons noirs).
- Échancrez la chemise au niveau de l'encolure et enfilez-la
  sur le corps de la poupée.
- Confectionnez les deux jambes dans le jersey.
  Pour chacune d'elles, coupez un rectangle de 11 x 4 cm.
  Repliez-le dans le sens de la longueur et fermez-le à gros points.
  Fixez les jambes sur le corps en ajoutant les boutons vert pâle.
- Confectionnez les bras sur le même principe dans un rectangle
  de jersey de 24 x 4 cm.

Création Yoshiko IZUMIMURA

Free cat

15 x 20 cm de jersey (gris) pour le devant du corps
15 x 20 cm de jersey (noir) pour le dos du corps
20 x 20 cm de feutrine (noire) et un peu de jersey (blanc) pour l'intérieur des oreilles, les coussinets des pattes et les iris
1,5 m de fil de fer - de la ouatine
des fils à coudre assortis - du fil à broder (noir, rose, jaune pâle)
30 cm de cordelette (noire) - un bouton de Ø 1 cm (rouge)
7 pompons (rouge, rose, mauve, turquoise, vert, jaune, orange)
3,5 x 43 cm de lainage écossais pour l'écharpe
de la colle forte

- Agrandissez les patrons ci-contre à 200 %. Épinglez le corps sur le jersey (gris et noir) et découpez les deux formes en ajoutant 1 cm pour les coutures.
- Découpez ensuite la forme des jambes, des bras, des mains et des oreilles dans la feutrine noire.
  Formez, en fil de fer, l'armature du corps (20 cm), ajoutez les bras (30 cm) et les jambes (35 cm).
  Superposez les morceaux de jersey blanc sur les oreilles, les mains, les pieds et surpiquez-les avec le fil noir.
- Découpez deux yeux de 1 cm de diamètre dans le jersey blanc.
  Cousez les iris puis brodez les pupilles, le nez et la bouche au fil noir.
  Cousez le bouton rouge pour représenter le nombril.
- Assemblez le devant et le dos (envers contre envers) à points glissés en insérant les oreilles et l'armature en fil de fer. Passez les fils de fer des bras et des jambes dans les ouvertures prévues à cet effet. Cousez la feutrine noire sur ces membres.
  Bourrez le corps de ouatine.
- Faites un trou au niveau du postérieur du chat.
  Formez l'armature de la queue (16 cm) avec 32 cm de fil de fer plié en deux et torsadé. Enfilez les pompons sur cette armature, introduisez-la dans le trou puis refermez par quelques points.
- Cousez les mains et les pieds puis collez les moustaches en cordelette.
  Brodez le tour de l'écharpe au point de feston avec le fil à broder jaune.

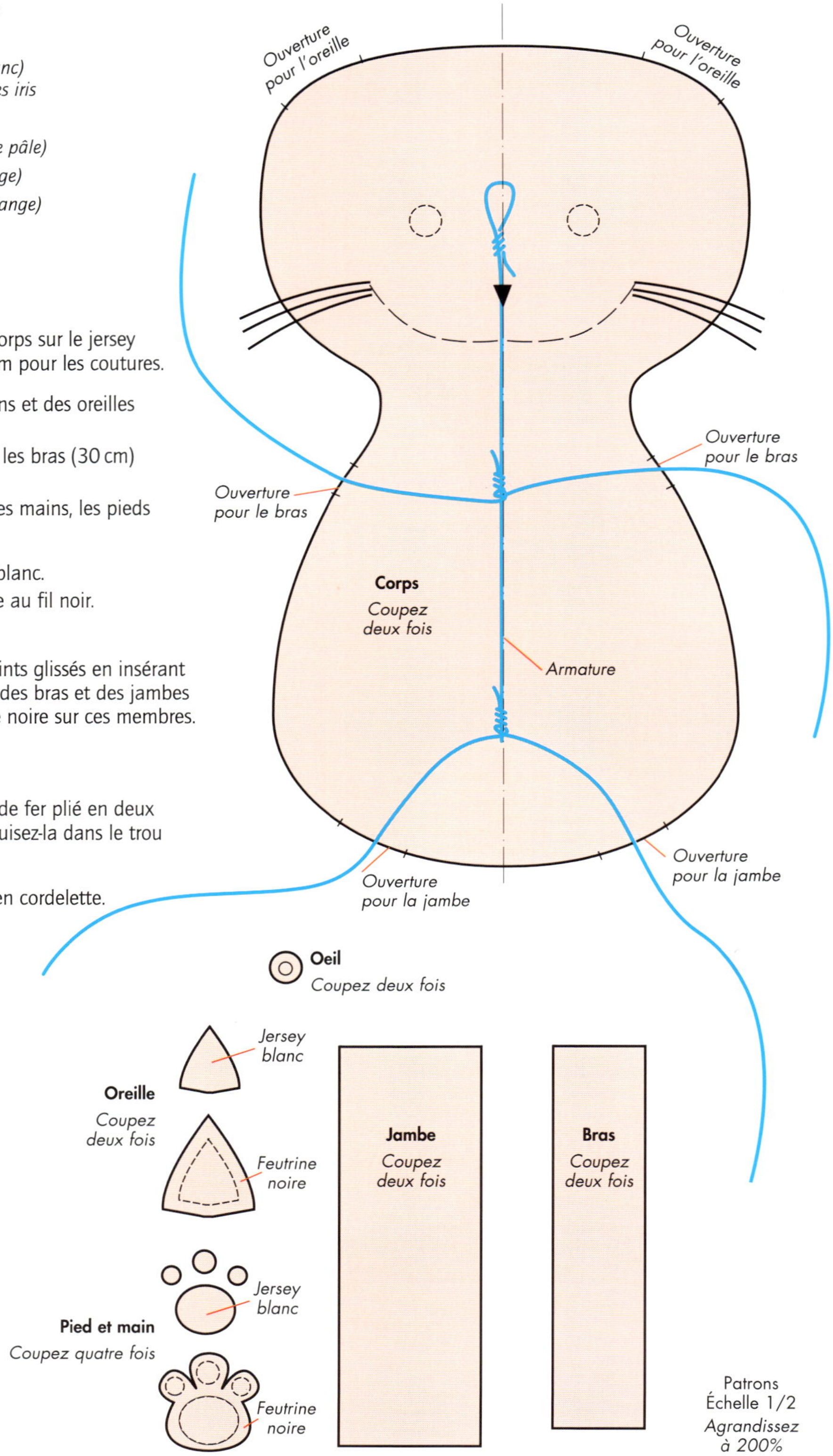

Table des Matières

Vous venez d'acquérir cet ouvrage et nous vous en remercions vivement.
Pour obtenir notre catalogue général gratuit,
vous pouvez le demander à votre libraire (ou autres points de vente)
sinon écrivez-nous à l'adresse suivante :

Éditions Didier CARPENTIER
7 rue Saint-Lazare 75009 PARIS Fax : 01 42 82 91 99

 Dépôt légal : mars 2006
Imprimé en UE ISBN 2-84167-406-1

Somalie. Photo Pirozzi.

Zambie. Photo Pirozzi.

Brésil. Photo Somazzi.

Éthiopie. Photo Bloemen.

Lesotho. Photo Pirozzi.

Une Frimousse créée, c'est aider l'UNICEF !

Chaque poupée confectionnée par vos soins doit être accompagnée d'une carte d'identité* – envoyée sur demande par votre comité départemental pour l'UNICEF – sur laquelle figurent son prénom et ses caractéristiques. C'est un support de réflexion sur le droit à l'identité de chaque enfant. En effet, l'enregistrement des naissances est la reconnaissance permanente et officielle de l'existence d'un enfant. Cet enregistrement joue un rôle fondamental dans la concrétisation d'un certain nombre de droits et permet la satisfaction de besoins essentiels : accès aux services médicaux, garantie de scolarisation, application des lois relatives à l'âge minimum pour exercer un travail, lutte contre le mariage forcé des filles n'ayant pas atteint l'âge légal…

Si la majorité des pays ont des dispositions légales pour l'enregistrement des naissances, ces lois sont souvent insuffisantes ou non appliquées : chaque année, 50 millions d'enfants ne sont pas enregistrés. L'UNICEF agit pour faire respecter ce droit fondamental.

Appelées Frimousses, elles sont ensuite adoptées par le public, avec l'aide des comités départementaux de l'UNICEF qui reçoivent régulièrement vos créations originales. Ces adoptions permettent à l'UNICEF de récolter des fonds pour soutenir des campagnes de vaccination menées dans 158 pays. Chaque année, 2 millions d'enfants meurent d'une maladie évitable par la vaccination. L'adoption d'une Frimousse finance la vaccination complète d'un enfant, c'est-à-dire la vaccination contre 6 maladies infantiles pouvant être mortelles : coqueluche, diphtérie, poliomyélite, rougeole, tétanos, tuberculose, ainsi que la prévention de la cécité par l'administration de Vitamine A.

Le coût des vaccins, des seringues, des aiguilles, des équipements de la chaîne du froid, de la formation et des salaires des agents sanitaires revient à 20 €, soit le don souhaité pour l'adoption d'une poupée.

L'UNICEF, premier fournisseur de vaccins des pays en développement, fournit 40 % des vaccins mondiaux aux enfants. La vaccination s'avère l'une des mesures les plus efficaces de santé publique, mais elle est aussi un volet essentiel des activités mises en œuvres par un pays pour stimuler le développement et réduire la pauvreté.

C'est facile de participer : enfants, adultes, clubs seniors, clubs de loisirs, écoles, centres aérés… s'impliquent avec générosité dans la création des poupées. La participation au projet revêt des formes différentes : confectionner des poupées, prêter des locaux, fournir du tissu ou du rembourrage, assurer une campagne de presse locale, organiser des séances d'adoption, créer des partenariats… Pour confectionner une Frimousse*, il suffit de quelques chutes de tissus, d'un peu de rembourrage et d'un zeste d'imagination pour créer une poupée originale et attachante.

Créer, adopter, en parler… C'est participer à cette chaîne humaine de solidarité dont le dernier maillon permet à des enfants d'être sauvés en recevant un cycle complet de vaccinations.

* *Patrons, cartes d'identité et indications pratiques sont mis à la disposition des créateurs sur demande à l'*UNICEF.

Contactez-nous au 01 44 39 17 50 – lesfrimousses@unicef.fr
UNICEF France : 3, rue Duguay-Trouin – 75282 PARIS Cedex 06

http://www.unicef.fr